GWENDAL FOSSOIS

LA MYTHOLOGIE SELON GAME OF THRONES

Les Éditions de l'**Opportun**

Direction éditoriale : Stéphane Chabenat
Éditrices : Pauline Labbé et Charlotte Sperber
Mise en pages : Nord Compo
Conception de la couverture : Élise Godmuse chez olo.éditions
Illustrations : © Shutterstock / MicroOne

SOMMAIRE

À l'origine s'étalaient des terres couvertes de forêts dont d'aucuns auraient été bien surpris de voir s'ériger une tour, là, au nord de l'estuaire de la Néra, et d'y observer le peuple grouiller autour de ce patelin qui deviendrait bientôt la capitale, Port-Réal. Et puis, de l'autre côté, à l'endroit où le pouvoir politique était fort, où s'étiraient déjà les campagnes odorifères, les territoires étaient partagés entre sept suzerains. C'était peu avant l'an 1, peu avant qu'Aegon Targaryen, dit le Conquérant, fonde le glorieux royaume du Crépuscule ou des Sept Couronnes, peu avant qu'il ne construise l'imposant Trône de Fer composé des 1 000 épées de ses ennemis vaincus, fondues par son dragon Balerion. C'était avant qu'Aegon ne devienne roi des Andals, de Rhoynar et des Premiers Hommes.

Un peu moins de 300 ans plus tard, après que le peuple eut vu les fessiers de pas moins de 15 autres rois de la dynastie Targaryen fouler le trône dangereusement tranchant, un coup d'État porta l'un des suzerains des Sept Couronnes à la tête du royaume, le Baratheon Robert dit l'Usurpateur, qui se coiffa de la couronne 15 ans durant, jusqu'à sa mort. Et ce, au profit des Lannister à l'emblème du lion, ceux qui, dit-on, paieront toujours leurs dettes. Ou pas, finalement. Et, depuis, c'est la guerre, entre le Nord et le Sud, entre le Sud et le Sud, entre le Nord et le Nord, entre le Sud et les cités libres au-delà de la mer Dothrak. C'est la guerre partout, avec comme objectif commun ce trône d'épées qu'on dit potentiellement mortel.

Cet univers est adulé par plus de 15 millions de fans (16,5 millions de personnes ont regardé le final de la saison

7 en 2017[1]) dans plus de 60 pays, tous continents confondus ! Les livres, eux, se sont écoulés à plus de 70 millions d'exemplaires. Et c'est sans compter le téléchargement illégal qui atteint, là encore, de furieux sommets.

Mais pourquoi ? Comment George R. R. Martin est-il devenu l'heureux papa d'une gigantesque industrie de fiction qui rend tant de gens heureux ?

Il a dessiné un décor romanesque qui s'inspire librement de notre imaginaire fécond, stimulé par la cartographie historique. Lui-même a admis avoir puisé dans *Le Seigneur des Anneaux*, tout en cherchant à construire un monde plus réaliste, avec moins de créatures fantastiques, certes, mais surtout ancré dans un univers médiéval probable, comparable à l'Angleterre de la fin du Moyen Âge souffrant les affres de la guerre de Cent Ans. Et ce n'est pas le seul élément qui puise dans l'histoire occidentale. Les Dothraki ne sont pas sans rappeler les armées mongoles. Du côté des cités libres et de Valyria, on pense aux cités grecques et à l'Empire romain et, en poussant jusqu'à la Baie des Serfs, on est pleinement dans la Perse antique et la Mésopotamie. Et puis, il y a le banquet des Noces Pourpres qui est directement inspiré de l'histoire sanglante de la Grande-Bretagne… De quoi en perdre la tête !

Tout ce beau monde se côtoie joyeusement dans un anachronisme assumé qui compose un univers de fantasy aux limites pas toujours bien claires. Car, dans *Game of Thrones*, il y a de la magie, ou plutôt des magies : des hommes ressuscités par on ne sait quel mystère, des gens qui ne meurent pas dans le feu, des dragons et des loups-garous, sans compter ceux qui changent d'apparence et d'autres qui peuvent entrer

1. Bastien Hauguel, « Game of Thrones : la saison 7 est celle de tous les records », *in* Le Point.fr, août 2017 (article consulté en septembre 2018).

dans la tête des animaux... Et, pire que tout, des hordes de morts-vivants congelés jusqu'à l'os qui seraient tout simplement risibles s'ils n'étaient pas avant tout terrifiants.

À l'image de ces peuples suggérés et à l'histoire romancée, George R. R. Martin a plongé les mains en plein dans les mythes et, là encore, a tout bien mélangé pour composer une toile de fond qui vient sans cesse perturber le cours normal des événements. Que serait Daenerys sans ses dragons? Qui s'intéresserait à la Garde de Nuit s'il n'y avait pas d'étranges Marcheurs blancs de l'autre côté du Mur? Et puis, Mélisandre, elle sort d'où au bout du compte?

De-ci de-là, l'auteur a caché de multiples références aux légendes et mythes grecs et romains[2], archaïques et classiques, mais aussi nordiques, anglo-saxons et arthuriens, ainsi que des références à peine voilées aux religions et croyances païennes qui donnent tout son sens à l'univers magique qu'il a tissé. Dans ce livre, on vous invite à redécouvrir votre saga préférée à travers la lecture des mythes[3]. Un pas de plus pour comprendre l'univers mystique et attractif composé au fil des cinq livres et des huit saisons, et mieux saisir la trame de fond qui se joue derrière ces trois mots devenus glorieux : *Game of Thrones*.

---

2. La mythologie gréco-romaine est foisonnante. Une même histoire peut ainsi avoir plusieurs versions. Cet ouvrage se fonde volontairement sur un panel riche d'auteurs, parmi lesquels : Hésiode et Homère, mais aussi Apollodore (ou Pseudo-Apollodore). Pour aller plus loin dans l'analyse, il est possible de plonger dans le travail des historiens, spécialistes de la question. Jean-Pierre Vernant notamment, a proposé des études poussées sur la civilisation grecque et son expression première dans les mythes — lire notamment *L'individu, la mort, l'amour : Soi-même et l'autre en Grèce ancienne*, Gallimard, 1989.
3. Une grande partie de la mythologie grecque fut reprise par les Romains, ce qui explique que certaines histoires soient communes aux deux civilisations. Néanmoins, des divergences apparaissent fréquemment. Pour distinguer les deux mythologies, dans ce livre, nous utilisons les noms grecs ou latins correspondants. Par exemple, les généalogies divines grecques mettent en scène Zeus, dieu de l'Olympe. Dans la version romaine, il est appelé Jupiter.

DE FEU ET DE GLACE

Deux éléments fondamentaux

Winter is coming...

Le manteau blanc s'étire sur des milliers de kilomètres, tout en reliefs vallonnés marqués seulement par les ombres des Hommes et d'autres créatures qui foulent de leurs pas cet épais tapis immaculé. Et à peine leurs traces s'impriment-elles dans le sol glacé qu'elles disparaissent déjà, balayées par le vent poudreux et les tempêtes de neige.

Vivre au nord n'est pas chose aisée ; nombre de Sauvageons pourraient le dire. Du Mur jusqu'à Winterfell, on ne cesse de le répéter, parfois sur le ton de la plaisanterie : oui, l'hiver vient et, en effet, il ne vient pas seul.

Femmes et hommes, dans cette région extrême des Sept Couronnes, sont habitués à la rudesse du froid. Pour autant, ils craignent les périodes hivernales comme la peste, ces longs moments où le soleil est quasi inexistant, où les récoltes s'amenuisent et où des créatures terrifiantes, dit-on, peuvent prendre vie.

LA NAISSANCE DU MONDE

Dans l'univers de *Game of Thrones*, les étés et les hivers peuvent durer longtemps, très longtemps, jusqu'à plusieurs années. Et c'est sur cette toile de fond que se greffe la quête du royaume. Ce thème de l'opposition, aussi manichéenne semble-t-elle au premier coup d'œil, se retrouve au cœur de nombreux mythes. Dans toutes les civilisations, depuis la Grèce archaïque jusqu'à la formation de la pensée judéo-chrétienne, les Hommes observent ce qui les entoure avec un regard où se manifeste une échelle de valeurs entre le bien et le mal. Plongeons-nous dans les grandes épopées grecques : le difficile retour d'Ulysse à Ithaque, dans l'*Odyssée*[1], où le roi marin se place en contradiction avec des créatures maléfiques qui tentent de lui barrer le chemin. Et, bien avant cela, la guerre de Troie[2] où les Achéens (les Grecs), bienfaiteurs, se liguent pour sauver l'honneur de Ménélas contre les Troyens : on a enlevé Hélène, la belle Hélène, il faut venger le roi de Sparte — et si on récupère Hélène, c'est encore mieux ! Les dieux eux-mêmes, pris au jeu, se placent dans une situation d'opposition : Poséidon, Athéna, Hermès et Héphaïstos contre Apollon, Artémis, Arès et Aphrodite.

Cette dualité existe depuis l'origine de la mythologie ; elle en est même la raison d'être, qui justifie l'existence des Hommes, ces *mortels* qui constituent une copie bien faussée des dieux. N'en déplaise à Prométhée. Les généalogies divines, celles dessinées par Hésiode au VIIIe siècle avant J.-C., justifient la création des dieux comme le fruit d'une opposition entre la Terre (Gaia) et le Ciel (Ouranos)[3]. À l'origine du monde, les deux étaient continuellement serrés l'un contre l'autre et, résultat des courses, le Ciel ne cessait d'enfanter dans la Terre : une grossesse permanente bien déplaisante. Mais un beau jour, l'un de ces joyeux rejetons, Cronos (le futur papa de Zeus) se saisit d'une faucille et trancha le sexe du Ciel. Ce dernier, de douleur, s'éloigna immédiatement de la Terre pour ne jamais redescendre.

FEU *VS* GLACE

L'opposition entre deux états est une constante dans *Game of Thrones*, celle entre le bien et le mal, celle entre

1. Homère, *Odyssée*, trad. Victor Bérard, Les Belles Lettres, 1924.
2. Homère, *Iliade*, trad. Victor Bérard, Les Belles Lettres, 1938.
3. Hésiode, *Théogonie*, trad. Paul Mazon, Les Belles Lettres, 1928.

les Sauvageons et les autres humains, celle entre la vie et la mort. Mais c'est bien la dualité du feu et de la glace qui fonde l'univers si particulier de la saga.

Dès l'épisode pilote de la série, le spectateur a le ton : le froid du Nord s'oppose violemment à la douceur de Port-Réal et, plus encore, à celle d'Essos où Daenerys se plonge dans un bain qui devrait normalement l'ébouillanter — la première image que le spectateur a de la jeune femme nous donne un indice de poids sur le final de la première saison : non, la fille d'Aerys II, dit le Roi Fou, ne craint par les flammes, elle a dans le sang *le feu du dragon*...

Le parallèle entre feu et glace est permanent tout au long de la saga. Il est marqué par la marche en forme de quête que mènent d'un côté Daenerys et son clan en direction du Donjon Rouge et, de l'autre, les Marcheurs blancs vers Port-Réal également. Ce parallèle se brise à l'instant même où les deux éléments s'affrontent à la fin de la saison 7. La puissance de feu que crachent les dragons de la prétendante au trône, qu'on pense invincibles, est soudain écrasée par la justesse du tir du roi de la Nuit. Viserion, transpercé par la lance de glace, glisse lentement vers les profondeurs et disparaît sous le manteau blanc. Ce combat symbolique, attendu depuis la naissance des dragons, marque la fin de cette double quête. Avec Viserion transformé en spectre, l'Armée des Morts peut enfin traverser le Mur quand Daenerys, elle, se rend pour la première fois à Port-Réal.

DU GINNUNGAGAP AU RAGNARÖK

Cette dualité prend en fait ses sources dans le mythe nordique du Ginnungagap qui raconte, là encore, l'origine du monde. Elle est au cœur de *Völuspá*[4], poème composé au xᵉ siècle. Le Ginnungagap était un puits sans fond qui précéda la création du cosmos. Il séparait deux univers opposés, d'un côté le monde de glace, Niflheim, de l'autre le royaume du feu, Muspellheim. C'est la rencontre des deux éléments qui permit la création du monde des Hommes. Un géant de feu, seul être vivant du Muspellheim, s'y ennuyait franchement et passait son temps à envoyer des flammes au fond du gouffre. La glace fondit et la vapeur qui s'en échappa créa Ymir, dont le corps servit à faire naître Midgard, le domaine des Hommes.

Völuspá dresse un parallèle avec le Ragnarök, prophétie de la fin du monde où les éléments, à l'opposé du mythe de la création, ont désormais une fonction et où le froid tient un rôle central. Peu avant la disparition des Hommes, mais aussi des dieux et d'autres créatures magiques, un hiver de trois ans envahira le monde. C'est bien cette même prophétie qu'annoncent les Stark et la Garde de Nuit : *l'hiver vient*. Et, aussi terrifiant que cela puisse être, il vient avec une puanteur de mort à en frémir.

Dans le mythe du Ragnarök, les flots et le feu finissent la destruction, mais celle-ci n'est pas négative car elle signe la renaissance du monde. C'est évidemment le thème judéo-chrétien de l'Apocalypse qui est repris ici. Et, avec lui, des allégories exemplaires dont celle du Déluge au cours duquel un couple humain doit survivre pour fonder une nouvelle civilisation.

Dans *Game of Thrones*, la renaissance passe par un ensemble de quêtes initiatiques entreprises par une nouvelle génération : Daenerys qui n'a que 14 ans au début du premier livre (16 ans dans la série), Arya (9 ans / 11 ans) ou Jon (14 ans / 17 ans) pour ne citer qu'eux. Les anciennes générations s'éteignent progressivement autour d'eux pour leur laisser

4. Lee M. Hollander, *The Poetic Edda*, University of Texas Press, 1986.

la possibilité de mener à son terme un Ragnarök symbolique qui définira les contours d'une nouvelle civilisation basée sur des valeurs qui lui sont propres. Cette initiation s'appuie sur la naissance, en parallèle, de deux espèces animales extraordinaires qui marquent l'une comme l'autre la structure narrative du début de la saga et rythmeront la suite.

De plus, cette jeune génération doit faire ses premières armes et mener des quêtes pour appréhender le monde et le maîtriser. L'exemple le plus frappant est celui de Bran : le garçon passe par de multiples étapes avant de se transformer en corneille à trois yeux. À la fin de la saison 6, la métamorphose est complète. Et c'est ce personnage qui, aidé par son pouvoir d'oracle, un peu comme la Pythie grecque, apportera de nouvelles clés de lecture au spectateur.

Dans la saga, la religion très manichéenne de R'hllor, dont Mélisandre et Thoros de Myr sont des représentants, porte également cette opposition entre le feu et la glace. Les fidèles croient en l'existence de deux divinités, le Maître de la Lumière d'un côté, symbole du feu et de la vie, un dieu sans nom de l'autre, associé au froid et à la mort. Ces deux personnages luttent en permanence l'un contre l'autre pour le bien et le mal. Et, un jour, le mystérieux héros Azor Ahai choisi par R'hllor se réincarnera pour détruire le mal…

Durant les sept saisons, l'hiver avance puis envahit peu à peu Westeros. De plus en plus de Sauvageons apeurés prennent la direction du sud en évitant de se retourner, craignant « ce qui dort dans la journée et chasse la nuit », comme l'explique Osha quand l'interroge Luwin, le mestre de Winterfell. Et pourtant le mal est contenu de l'autre côté, derrière le Mur. Pour l'instant en tout cas.

LE SAVIEZ-VOUS ?

L'effroyable hiver de George R. R. Martin

L'omniprésence de la neige, dans le Nord, offre un cadre d'exception pour un maître de l'horreur. C'est bien la raison pour laquelle l'histoire commence dans la forêt glacée au cœur des montagnes. Nous y découvrons, en guise d'apéritif, l'existence des Marcheurs blancs, ces monstrueuses espèces aux gueules étrangement humaines.

Mais pourquoi l'été et l'hiver sont-ils si longs ? Plusieurs scientifiques ont tenté d'apporter une réponse à cette question. Selon Thomas Douglas et Peter Griffith, l'activité volcanique serait si importante à Westeros et Essos que le climat en serait fortement déréglé. Ils prennent pour exemple l'île de Sumatra qui subit, en 1883, une très importante éruption (celle du Krakatoa) comparable au Fléau destructeur de Valyria, 400 ans avant les événements de *Game of Thrones*. Les débris causés par le Krakatoa dérobèrent à une grande partie de l'Asie les rayons du soleil. Conséquence : des températures en baisse dans le monde durant 5 ans.

Autre possibilité : un astéroïde aurait frappé la planète, imposant un brusque climat hivernal. Après tout, le froid, se justifient les deux scientifiques, est à l'origine de la disparition des dinosaures !

Et si les explications étaient beaucoup plus simples ? En 2015, George R. R. Martin a raconté lors d'une conférence à la Northwestern University que le grand blizzard de 1967 à Chicago lui avait glacé le sang : « Il y avait tellement de neige, cet hiver-là, reprend le *Chicago Tribune*, que vous ne pouviez rien voir d'autre… Toute cette neige, cette glace, c'était extrêmement froid. »

Le futur écrivain avait alors 17 ans. En deux jours, 58 centimètres de neige tombèrent sur la ville, paralysant l'ensemble des infrastructures. Une vingtaine de personnes trouvèrent la mort et 50 000 véhicules furent abandonnés dans la rue. Pas aussi terrifiant qu'un bon bain de sang avec les Marcheurs blancs, mais tout de même un poil traumatisant !

C'est au pied du Mur que l'on voit le mieux le Mur

Il s'étend sur 100 lieues de long, environ 400 kilomètres, soit quasiment la distance séparant Paris et Amsterdam. Sa hauteur, elle, atteint près de 700 pieds, autour de 220 mètres. Le Mur, avec ses 19 tours, est un monstre de glace qui semble s'étirer à l'infini. Il serpente à l'ouest autour des gorges de la Laiteuse et court, à l'est, jusqu'à la baie des Phoques dans la mer Grelotte. C'est la frontière physique qui sépare le royaume des Sept Couronnes du reste du Nord, ces espaces tout blancs où la vie se fait rare.

Le mur est un élément qui se retrouve dans de nombreux mythes. Il est un symbole fort de délimitation : l'Homme a toujours érigé des palissades pour marquer géographiquement son territoire. C'est un signe de sécurité qui sépare l'espace de danger du domaine rassurant, voire familial et, invariablement, le bien du mal.

LA CONSTRUCTION DU MUR

Dans *Game of Thrones*, le Mur protège le royaume du peuple libre, ces fameux « Sauvageons » décrits comme des barbares. Mais le danger ne repose pas sur ce groupe de femmes et d'hommes. Pour comprendre réellement la finalité de ce Mur, il faut remonter 8 000 ans avant les événements. On raconte que les hommes étaient transis de froid durant un hiver qui dura de nombreuses années, sans soleil, et qui s'accompagna d'une grande famine. Au cœur du souffle glacé apparut une horde de créatures montées sur des cadavres de chevaux, les fameux Marcheurs blancs. Ils traînaient avec eux une armée de morts-vivants. La guerre aboutit à la Bataille de l'Aube, à l'issue de laquelle les Hommes reprirent le pouvoir sur les terres. Cette victoire marqua l'avènement d'une nouvelle ère. On érigea le Mur et un ordre de Frères noirs se constitua, la future Garde de Nuit.

L'érection du Mur ne s'est pas faite sans mal, on s'en doute. Conçu entièrement en glace, il aurait été bâti par Brandon le Bâtisseur, fondateur de la Maison Stark, aidé dans cette tâche par des Géants, assure la légende. Il fut façonné avec un petit paquet de magie, comme le perçoit Mélisandre lors de sa villégiature sur le monstre de glace, une magie assez puissante pour empêcher les Marcheurs de le pénétrer. La seule solution, pour eux, est donc de détruire partiellement le passage pour réduire le sortilège à néant.

Cette muraille fait partie des Neuf Merveilles de l'Homme, une liste établie par le scribe et voyageur Lomas Grandpas que l'on pourrait comparer à nos Sept Merveilles du monde. Bref, c'est quand même un gros morceau!

LES ENCEINTES DE TROIE

Des murs, il y en a un paquet dans la mythologie. Celui de *Game of Thrones* est tout particulièrement comparable aux enceintes de Troie, la ville historique et légendaire qui se situait sur la côte asiatique. La construction de ces fortifications est à l'origine de la première guerre de Troie.

Apollon et Poséidon furent punis par Zeus pour avoir participé à un complot avec Héra contre lui. Ils durent participer à une sorte de travail d'intérêt général avec le mortel Éaque. Durant un an, ils s'attelèrent à l'érection de ces enceintes, sous les ordres du roi de Troie, Laomédon. L'œuvre achevée, ce dernier refusa de rétribuer les deux Olympiens pour leur travail : il fit preuve d'*hybris*, cette démesure qui pousse les Hommes à se croire meilleurs que les dieux. En guise de châtiment, Apollon répandit la peste et Poséidon lâcha sur les Troyens un monstre marin.

Comme dans la saga, la muraille de Troie avait ainsi une furieuse odeur de sang. De plus, érigée avec l'assistance des dieux, elle possédait nécessairement une essence magique. Tout comme le Mur.

LE MUR À L'ORIGINE DU MONDE

Un autre mythe grec, fondateur des généalogies, place l'enceinte au cœur de l'histoire : le Tartare séparait le monde des Enfers de ceux des dieux et des Hommes. Tout comme le Mur, il n'était pas composé de pierres : des fleuves marquaient sa délimitation. C'était donc l'élément minéral, l'eau, qui assurait ce rôle.

Tartare naquit du chaos qui précéda la création des premiers dieux, après la Terre (Gaïa) et la Nuit (Nyx). Il était l'espace le plus profond des Enfers, selon Homère[5], une région digne des pires films d'horreur. Aucune vie animale ou végétale ne pouvait y vivre. Derrière la brume constante, on pouvait y percevoir des marécages et des étangs de glace. Il y régnait une puanteur à en crever. C'est dans le Tartare que le palais d'Hadès fut conçu. Bref, pas une destination touristique de choix.

Sa finalité ? Servir de prison aux criminels — ces hommes qui firent preuve d'*hybris* (de démesure) — ou aux divinités déchues. Parmi elles, on compte notamment les Géants et, dans *Game of Thrones*, les Géants vivent de l'autre côté du Mur. Un hasard ?

---

5. Homère, *Odyssée*, *op. cit.*

Le mur comme symbole fort de délimitation est un thème commun à plusieurs civilisations. Dans la mythologie nordique, Midgard[6] désignait tant l'enceinte séparant le monde des Hommes que ce monde lui-même.

L'histoire raconte que la fortification fut réalisée avec les cils du géant Ymir, et le monde des Hommes à partir de son corps. Comment cela se déroula-t-il ? Une guerre éclata entre les géants et les dieux à l'issue de laquelle la première génération de dieux tua Ymir. Ils utilisèrent alors son sang pour faire la mer, sa chair pour la terre, ses os pour les montagnes, son crâne pour le ciel et ses cils pour les remparts.

Cette muraille, là encore, devait protéger le monde des autres géants, descendants d'Ymir. Le mythe raconte que les dieux créèrent également le premier couple humain à partir du tronc d'un arbre poussé sur cette terre. Difficile de ne pas penser aux Arbres-cœurs, aux Barrals et, forcément, aux Enfants de la Forêt. Et les Marcheurs blancs, dans tout ça ?

LE SAVIEZ-VOUS ?

Midgard et *Le Seigneur des Anneaux*

Qu'est-ce que Midgard ? Signifiant « espace clos du milieu », il faisait partie des Neuf Mondes de la mythologie nordique qui se trouvaient eux-mêmes sur Yggdrasil, l'Arbre du Monde. Cette dénomination fut reprise dans nombre de fictions contemporaines, mais c'est J. R. R. Tolkien qui l'a véritablement popularisée : sa « Terre du Milieu » (*Middle-earth*) est citée dans les *Contes perdus*, *Le Hobbit* et *Le Seigneur de Anneaux*. Elle désigne le monde humain originel, 6 000 ans avant l'aventure de nos amis Hobbits. Nul doute que George R. R. Martin s'est inspiré de cette géographie pour constituer Westeros.

6. « Midgard : Norse mythology », *Encyclopedia Britannica*, 2017.

UN PEU D'HISTOIRE

ET SI LE MUR AVAIT RÉELLEMENT EXISTÉ ?

Les influences sont multiples, dans *Game of Thrones*. La symbolique du Mur puise également dans l'histoire où il est synonyme d'assouvissement des populations. On pense évidemment au mur de Berlin, qui sépara la capitale allemande en deux, suite à la conférence de Yalta en 1945. Ou encore au Rideau de fer qui marqua, en Europe de l'Est, les limites de l'URSS et des États sous le joug du pouvoir soviétique.

Mais le mur qui servit d'inspiration directe, et dont la comparaison est frappante, n'est autre que celui d'Hadrien. Composé de 300 tours et 17 camps, il coupait le nord de l'Angleterre en deux parties séparées de 80 miles romains de pierre, soit plus de 115 kilomètres. Construit au IIe siècle après J.-C., son objectif était de protéger la province romaine des barbares susceptibles de vouloir descendre dans le nord de l'Angleterre romanisée. L'évolution de la Garde de Nuit est également un clin d'œil à l'histoire : le pouvoir politique se détourna progressivement de la fortification et les soldats quittèrent leurs postes pour s'installer dans les campagnes alentour.

Ce mur fut doublé, une vingtaine d'années plus tard, par celui d'Antonin, en plein cœur de l'actuelle Écosse, avant d'être envahi par les armées pictes (anciennes tribus écossaises) et définitivement abandonné.

Quelques Marcheurs et un bon bol d'air frais !

La randonnée est bonne pour la santé ! Voici une phrase que personne ne dirait à nos amis de la Garde de Nuit sans risquer de se prendre une bonne taloche dans la figure. On les comprend ; ce métier n'est pas sans difficulté. Résumons : lorsqu'un homme devient Frère noir (un « corbac », disent les Sauvageons), il jure de rester chaste et signe pour la vie. Impossible de démissionner ou de négocier une rupture conventionnelle.

Ces vœux rappellent ceux que prononce une grande majorité du clergé, à ce détail près que personne, *a priori*, ne tranchera la gorge à un prêtre pour avoir renoncé aux ordres. Les Frères noirs sont censés défendre le royaume au prix de leur vie si cela est nécessaire. Ils font penser aux chevaliers du Moyen Âge, un archétype qui prend lui-même ses sources dans l'image idéalisée du soldat grec. Dans les cités antiques, un homme ne vivait son accomplissement qu'à travers la guerre : on se battait pour la survie de la cité et pour protéger les descendances assurées par les femmes. De là vient l'expression de *belle mort* : une mort au combat, une mort qui a du sens.

PUR DE CORPS ET D'ESPRIT

La mythologie gréco-romaine regorge ainsi de héros guerriers magnifiés : Héraclès/Hercule, Persée, Odysseus/Ulysse parmi d'autres. Et certains trépassèrent au combat, d'une mort exemplaire. C'est le cas d'Achille, dans l'*Iliade*[7]. Le héros, fils d'une déesse et d'un homme, fut plongé enfant dans le Styx, fleuve des Enfers, qui rendit son corps invincible. Seul son talon, par lequel Thétis le tint, resta mortel.

Sa mère tenta en fait l'impossible pour empêcher la prophétie de se réaliser : il était dit qu'Achille mourrait sur le champ de bataille. Lorsque la guerre de Troie débuta, elle essaya de l'empêcher d'y participer mais le jeune homme se lança dans la bataille, en toute connaissance des risques. Et pour cause, même s'il se doutait que ce combat serait probablement son dernier, il avait à l'esprit son objectif en tant qu'homme : mourir en soldat, l'accomplissement de sa vie.

C'est Pâris qui le tua en envoyant une flèche, guidée par Apollon, dans le talon du héros. De là vient l'expression du *talon d'Achille*.

La chasteté est quant à elle un thème qui se retrouve dans les mœurs des hommes depuis l'Antiquité, mais qui est plus souvent associée aux femmes. Hippolyte, fils de Thésée, est l'un des rares exemples de figure masculine qui fit le choix de l'abstinence. Mais cette particularité relève plus, dans son cas, de la misanthropie que d'un idéal symbolique. Rappelons que le rapport à la sexualité (à l'*éros*) est au cœur de son histoire : Phèdre, sa belle-mère rendue folle d'amour pour lui par l'entremise d'Artémis, l'entraîna invariablement vers la mort.

De tout temps, le rapport à la sexualité est associé à l'idée de pureté du corps et de l'esprit, une forme d'ascétisme. Au Moyen Âge, il fallait être vierge avant le mariage ; l'activité sexuelle n'avait de sens que pour la procréation. Dans les faits, les pratiques étaient plus mitigées, même si la culpabilisation de l'Église avait malgré tout fait son chemin.

7. Homère, *Iliade*, *op. cit.*

Elle s'opposa ainsi brutalement à la conception guerrière de la cité grecque : la défense d'une cité prospère gorgée de joyeux rejetons qui, à leur tour, sauront la protéger.

Enfonçons une porte grande ouverte : depuis l'Antiquité, la virginité était affaire de femme, quand bien même le clergé aurait voulu en décrier le concept ! Parmi les divinités gréco-romaines, pas une figure masculine ne fit le choix de la chasteté. Plusieurs déesses, au contraire, gardèrent toujours leur corps pur ; c'est le cas d'Artémis et d'Athéna, pour ne citer qu'elles.

Retour donc au Moyen Âge où les textes mettent en valeur une chasteté idéalisée, incarnée par des personnages vertueux à l'image de Perceval, Galaad ou Bohort : les voici, nos Corbeaux qui combattent les vilains et protègent la veuve et l'orphelin en se tenant derrière les murailles pour repousser l'ennemi.

DES MARCHEURS AUX ENFANTS DE LA FORÊT

L'ennemi, lui, est tiré des pires histoires d'horreur pour enfants. Il est blafard, munis d'yeux brillants comme du cristal et s'accompagne, lorsqu'il se déplace, d'un vent glacé qui n'augure rien de bon. Comble de la terreur, il se promène entouré d'une horde de morts-vivants franchement pas très ragoûtants. Ces êtres, qui auraient disparu depuis près de 8 000 ans, sont pleinement intégrés dans les légendes de Westeros, à tel point qu'on en oublierait presque qu'ils ont déjà failli détruire le monde des Hommes.

Leur existence puise en fait, là encore, dans le mythe du Ragnarök[8] qui décrit les troupes de morts menées par

8. Snorri Sturluson, *L'Edda. Récits de mythologie nordique*, trad. François-Xavier Dillmann, Gallimard, 1991.

le dieu Loki, dieu de la discorde. Cette horde terrifiante se soulève depuis Hel, monde des morts, pour accompagner les géants combattre Odin, Thor et d'autres dieux. Cette grande bataille acheva le Fimbulvetr, un hiver de trois ans particulièrement neigeux. Elle marqua également la fin de l'humanité, de laquelle naquit un nouveau monde.

À cela vient s'ajouter l'obscure communauté des Enfants de la Forêt. Ces êtres, décrits comme les tout premiers habitants de Westeros (au moins 12 000 ans avant les événements de *Game of Thrones*), marquent la jonction entre l'univers de l'Homme et le monde sauvage. Leur peau, gris-marron, est cernée de taches claires qui leur donnent l'apparence de cerfs. Leurs quatre doigts sont munis de griffes noires. À l'âge adulte, ils ne mesurent pas plus haut qu'un enfant. Lorsque Bran entreprend sa quête, il apprend que c'est cette espèce qui est à l'origine du tout premier Marcheur blanc. Les Enfants de la Forêt le créèrent comme moyen de défense contre les Premiers Hommes, avant que la machine ne se retourne contre eux.

D'où vient cette communauté? Les inspirations sont multiples. Et pour cause, de tout temps la nature fut un objet de fascination pour l'Homme, et il chercha à travers mythes et légendes un moyen de s'y connecter. C'est ce qui explique la présence en nombre, depuis l'Antiquité, de personnages qui possèdent des caractéristiques du monde sauvage tout en étant profondément anthropomorphes.

Les Dryades, issues de la mythologie grecque, étaient des nymphes de la forêt qui provenaient de l'arbre des Hespérides. Tout comme les Enfants de la Forêt, ces divinités mineures craignaient les Hommes et s'en cachaient. On pense aussi aux Méliades, nymphes des bois. Et, un paquet d'années plus tard, en plein cœur de la légende arthurienne, à de multiples personnages magiques peuplant la forêt de Brocéliande.

Les Enfants de la Forêt constituent ainsi l'héritage d'une pléiade de figures mineures qui rythmèrent le folklore européen : centaures, faunes dont le célèbre Pan, gorgones, chimères, elfes, farfadets et bien d'autres. De quoi émerveiller le gosse qui sommeille en chacun de nous !

Qui a vu le Sombre-Loup?

Avec une grâce sans pareille, les loups traversent la forêt, s'envolent dans l'obscurité, reviennent, attaquent et repartent vers le monde sauvage après avoir partagé avec l'Homme un instant d'une troublante humanité.

Le loup est aux Stark ce que le dragon est aux Targaryen : un symbole de puissance guerrière, un noble seigneur, un fidèle compagnon. Rien d'étonnant à ce que l'animal soit présent dans *Game of Thrones*. Il en marque même les prémices de l'intrigue. En découvrant les louveteaux dans la forêt, au tout début de la saga, les quatre enfants de Ned affirment leur identité et préfigurent ainsi les guerres à venir.

LA NAISSANCE D'APOLLON ET D'ARTÉMIS

L'animal est présent dans la culture occidentale depuis l'Antiquité au moins. À cette période, il marqua profondément croyances et légendes jusqu'à y tenir un rôle très particulier. Il ne véhiculait pas nécessairement une image négative, qui fut instituée par une partie de la Chrétienté au Moyen Âge. Au contraire, l'animal était un symbole de puissance et d'intelligence.

Les Grecs associaient ainsi le loup (*lykos*) à la force et au savoir : le *Lycée*, l'école d'Aristote, portait ce nom en référence à Apollon-Lycien, dieu de la lumière et/ou des loups. Pour le comprendre, il faut revenir au mythe de la naissance du dieu et de sa jumelle Artémis.

Zeus tomba amoureux de la Titanide Léto et s'accoupla à elle avant son mariage avec Héra. Mais la future épouse fut folle de rage et déclara que toute terre qui accueillerait désormais l'amante serait privée de soleil. Pour éviter qu'elle ne se venge sur elle, le roi de l'Olympe transforma Léto en louve. Il l'amena sur l'île de Délos ou, selon les versions, d'Ortygie. Là, assistée d'Ilithyie, déesse de l'enfantement, elle donna naissance à deux enfants, Apollon et Artémis. Ils étaient tous deux opposés et complémentaires : lui était le symbole du soleil, elle de la nuit. Ils furent appelés Apollon-Lykeios et Artémis-Lycaea, représentations de la chasse mais aussi des rites de passage vers l'âge adulte (d'où le *Lycée*), et notamment à travers les prophéties de la Pythie.

LA FONDATION DE ROME

Plusieurs années plus tard, les Romains reprirent l'image du loup pour l'associer, cette fois, à Mars (Arès), dieu de la guerre. Mais pas seulement. Si Rome compte le célèbre canidé parmi ses symboles, ce n'est pas pour rien : le mythe veut qu'une louve ait en effet joué un rôle central dans la fondation de la ville[9].

À l'origine, il y avait Rhéa Silvia, une jeune femme d'Albe-la-Longue, dans l'actuelle Italie centrale. La ville était dirigée par Amulius, qui avait renversé du trône son frère Numitor, père de Rhéa. Elle était une vestale, c'est-à-dire une prêtresse consacrée à Vesta, déesse du foyer. Elle avait ainsi promis la chasteté mais, une nuit, Mars vint à elle en rêve et lui donna deux enfants, Rémus et Romulus. Amulius, oncle de Rhéa, fit abandonner les deux garçons dans le Tibre

9. Plutarque, *Les Vies des hommes illustres*, trad. Alexis Pierron, Gallimard, 1853.

en prétextant qu'une vestale ne pouvait avoir d'enfants. Il craignait en réalité que les deux rejetons, une fois parvenus à l'âge adulte, ne clament leur légitimité au trône. Mais les nouveau-nés survécurent et furent découverts par une louve dans une grotte au pied du Palatin. L'animal les éduqua et leur donna la tétée.

Plus tard, ils furent trouvés par un berger qui les éleva à son tour. Et un beau jour, ils rencontrèrent Numitor qui comprit dans l'instant qui ils étaient. Il les ramena à Albe-la-Longue. La famille était ainsi réunie. Mais les garçons avaient d'autres aspirations. Ils quittèrent la ville et décidèrent d'en fonder une nouvelle là où ils avaient été sauvés. Pour trouver l'endroit, ils interrogèrent les présages. Romulus s'installa sur le Palatin et Rémus sur l'Aventin. Le premier vit douze vautours, le second six seulement : Rome serait donc construite au pied du Palatin. Romulus traça sur le sol les marques des futures enceintes de la ville. Mais son frère, jaloux d'avoir perdu, se moqua de lui et passa au-dessus du tracé sacré. Son frère dégaina son épée et le tua.

RUSE ET PUISSANCE

Les Hommes ont longtemps associé le loup à la chasse, bien sûr, mais également à la protection et à la destruction. L'animal est, depuis la Préhistoire, le gardien des Hommes avant de devenir leur compagnon, le chien.

Les Celtes, tout comme les Germains, placèrent l'animal au sommet de leur panthéon. C'est ainsi que Lug, dieu central de la mythologie celtique, est représenté entouré de deux loups, tout comme l'est Odin, divinité nordique qui observe le monde depuis Asgard aux côtés de ses deux compagnons.

Dans la légende arthurienne, le loup était, comme en Grèce, associé à l'instruction. Merlin lui-même était proche du monde sauvage et se rendait fréquemment dans la forêt pour retrouver Blaise (ou *Bleiz*, alias «le loup»). Ce personnage, scribe et confident du magicien, était considéré comme un homme-loup protecteur. C'était le double symbolique de Merlin.

Dans *Game of Thrones*, le loup a une importance capitale. Son rôle est pourtant sous-exploité dans la série au profit des dragons. Chacun des trois animaux de la portée a un lien particulier avec son maître. Les jeunes Stark peuvent ainsi communiquer avec leur compagnon à travers les rêves, même s'il est vrai que Bran présente une certaine prédisposition à l'acte (et pour cause !). C'est un rapport fusionnel qui se construit entre chaque humain et son animal, et ce même lien accompagne le développement des pouvoirs de change-peau de Bran.

La puissance des loups a toujours émerveillé l'Homme et c'est ce qui explique la croyance dans l'existence des loups-garous, mi-hommes mi-animaux. Dans la mythologie nordique, Fenrir était un loup gigantesque, enfant du dieu Loki et de la géante Angrboda[10]. Avec sa sœur Hel, déesse des morts, et son frère Jörmungand, serpent de Midgard, ils formaient un trio maléfique annonciateur de la fin du monde.

Les prophéties annonçaient que l'animal mènerait les dieux à leur perte. C'est pourquoi les Ases, menés par Odin, tentèrent de l'enchaîner. Mais Fenrir était malin, il fallait l'amadouer. Ils lui lancèrent un défi : parvenir à se défaire de la chaîne qu'ils venaient de fabriquer. Le loup, touché dans son amour-propre, accepta le test et parvint sans mal à se libérer. Les dieux construisirent une chaîne plus

10. Snorri Sturluson, *op. cit.*

solide encore et défièrent à nouveau l'animal. Là encore, il se détacha facilement. Ils demandèrent alors aux Elfes d'en façonner une par la magie : elle ressemblait à un ruban de soie, ce qui éveilla les soupçons de Fenrir. Il répondit aux Ases que détruire un simple ruban n'avait rien de glorieux et, si au contraire ce ruban était magique, il ne pourrait jamais s'en défaire. Il accepta finalement le défi, à une condition : qu'un des dieux mette sa propre main dans sa gueule en guise de sincérité. Seul Týr, dieu de la guerre juste, accepta.

Lorsque Fenrir fut attaché, il ne parvint plus à se défaire, il se démena, arracha la main de Týr et tenta de mordre les autres dieux. Pour l'en dissuader, ils lui calèrent une épée dans la bouche et l'attachèrent consciencieusement. Il ne put dès lors plus que rugir, et sa bave qui dégoulina sur le sol devint la source du fleuve Ván.

Au moment du Ragnarök, la prophétie s'accomplit finalement : les liens retenant le loup se déchirèrent et l'animal participa à la grande bataille finale aux côtés de Loki et des géants contre les Ases. Fenrir y avala Odin et fut tué par le fils du dieu, Vidar, divinité de la vengeance.

Quand Arya retrouve Nymeria, la louve est retournée à l'état sauvage et s'est entourée d'une meute dont elle est la meneuse. On peut y voir un parallèle avec les Managarm, enfants de Fenrir et de Jarnvid. Il s'agissait de loups terrifiants qui se nourrissaient de chair humaine. Hati et Sköll, plus particulièrement, jouèrent un rôle central dans le Ragnarök : ils dévorèrent le soleil et la lune tandis que leur père avala les astres, mettant ainsi fin au monde.

UN PEU D'HISTOIRE

LE SOMBRE-LOUP EST-IL UN ANIMAL RÉEL ?

Si l'inspiration nordique est primordiale dans l'invention des Sombres-Loups, ce n'est pas la seule. George R. R. Martin a repris certains traits de caractère d'un animal aujourd'hui éteint, le *canis dirus*. Ce loup mesurait environ 1,50 mètre et pesait autour de 80 kilos. Il vivait en Amérique du Nord, probablement durant le Paléolithique. Tout comme les fidèles compagnons des Stark, il possédait une gueule et des dents proportionnellement plus grandes que celles des loups d'aujourd'hui. Mais, à la différence de leur ancêtre historique, les Sombres-Loups ont de longues pattes qui leur permettent de courir à une très grande vitesse, et leur cerveau est mieux développé, les rendant plus intelligents et plus sociables.

Un dragon peut en cacher un autre

Ne sont-elles pas charmantes, ces trois petites créatures couvertes d'écailles, qui crachotent des flammes en se blottissant amoureusement contre Daenerys ? La scène devenue culte de leur naissance a marqué un tournant manifeste dans la saga, la faisant basculer dans un fantastique dont on soupçonnait déjà l'existence mais dont on percevait encore mal la teneur. Il faut dire que l'attitude de la jeune femme, à l'instant où elle pénètre dans le brasier accompagnée de ses trois œufs, frôle la mégalomanie — et ce ne sera pas la dernière fois. Mais, à ce point de l'histoire, on lui pardonne tout : Daenerys a été bafouée par son frère, forcée à se marier à un homme qu'elle considérait comme barbare, elle a dû s'adapter au monde sauvage jusqu'à avaler le cœur cru d'un animal et a finalement perdu son époux et son fils en flirtant avec la magie noire.

L'utilisation du dragon dans la fiction n'a rien de nouveau ; elle figure même un folklore très ancien, qui remonterait au Néolithique et qui s'est développée, ensuite, dans le monde entier : en Europe, en Asie, en Amérique...

UN DRAGON À UNE OU PLUSIEURS TÊTES

Dans la Grèce ancienne, ces charmantes bestioles s'apparentaient à certaines créatures chtoniennes[11]. Deux exemples

11. Se dit des divinités infernales ou souterraines (Hadès par exemple).

sont particulièrement frappants. Le premier met en scène Apollon, dieu archer, et Python, un dragon femelle[12].

Elle était l'enfant de Gaïa (la Terre) ou d'Héra, selon les versions. Il s'agissait d'une sorte d'énorme serpent qui terrifiait tout un chacun en Grèce. Le monstre se cachait sur le mont Parnasse. C'était le protégé d'Héra qui l'envoya pourchasser la déesse Léto pour avoir couché avec Zeus : de cette union naquirent les deux jumeaux symboles du soleil et de la lune, Apollon et Artémis. Afin de venger sa mère, le jeune dieu chassa Python et la transperça d'une flèche mortelle. Sur son tombeau, il fonda le temple de Delphes où fut donné l'oracle, c'est-à-dire la parole des dieux, par la voix de la Pythie.

Le deuxième dragon le plus célèbre de la mythologie grecque est très particulier puisqu'il possède plusieurs têtes, dont une en or qui est immortelle. Ce n'est autre que l'Hydre de Lerne, dont le souffle empoisonne celui qui le respire[13]. L'animal, là encore, était le protégé d'Héra qui l'éduqua après sa naissance.

La créature apparut au cours des Douze Travaux d'Héraclès. La bataille entre le héros et le dragon était interminable ; à chaque fois qu'une tête tombait, deux en repoussaient à la place. Le combat semblait sans fin. Avec l'aide de son neveu Iolaos, il eut l'idée de cautériser les cous tranchés avec des arbres en feu, empêchant ainsi définitivement les têtes de repousser. La dernière, immortelle, fut coupée et enterrée sous un rocher.

12. Apollodore, *La Bibliothèque*, trad. Jean-Claude Carrière et Bertrand Massonie, Presses Universitaires de Franche-Comté, 1991.
13. *Ibid.*

LE DRAGON EST-IL MALÉFIQUE ?

Dans les mythes et les légendes, les dragons ont souvent le mauvais rôle. Ils tuent les hommes, attaquent les troupeaux, terrifient des communautés entières. À l'inverse, toute leur existence dans *Game of Thrones* a une signification très positive. Dès le début de la saga, ils sont décrits comme les symboles éteints d'une famille en perdition plutôt que comme des êtres monstrueux et destructeurs. De leur naissance, où l'on découvre trois petits dragonneaux qui feraient craquer n'importe quel amoureux des chats, jusqu'à leur glorieuse ascension dans le ciel, ils suivent une route qui renvoie directement à celle de leur mère. La vulnérabilité laisse place à l'apprentissage, avant de se transformer en véritable force conquérante. Et c'est cette force qui transcende plus encore l'existence de Daenerys et exalte sa valeur guerrière.

En ce sens, ils seraient à rapprocher des dragons orientaux, qui ne sont pas nécessairement maléfiques. Dans la mythologie asiatique, ils étaient associés aux forces de la nature, symbole de l'eau, mais aussi du pouvoir royal, et étroitement liés aux généalogies à l'origine de la création de l'Homme.

Le fait extraordinaire, dans *Game of Thrones*, n'est pas tant la genèse de ces charmantes bestioles à écailles, qu'on entend comme un animal comme les autres, que le rôle que Daenerys y joue. C'est grâce à son étrange et indéfinissable pouvoir que l'éclosion est possible. Mais, au fait, un dragon, ça naît comment ?

La mythologie n'est pas claire sur ce point, présentant un nombre impressionnant d'espèces différentes. Du côté de la mythologie grecque, on racontait que l'animal fut créé à partir du Chaos. Il s'agissait donc d'une naissance associée aux généalogies divines. Bien avant cela, en Mésopotamie, l'apparenté dragon Asag naquit de l'union de deux dieux,

An et Ki, soit la Terre et le Ciel. En Asie, il était le résultat conjoint des souffles de son père et de sa mère. Revient cette traditionnelle question : la poule, ou l'œuf? Allez savoir...

La croissance rapide des dragons de *Game of Thrones* entre en contradiction avec la majorité des mythes, là où ces créatures ont généralement besoin de plusieurs centaines voire milliers d'années pour parvenir à l'âge adulte. Et les différences ne s'arrêtent pas là : les trois enfants de Daenerys sont anthropomorphes, c'est à dire que certains de leurs caractères sont humains. C'est ainsi que leurs personnalités respectives sont très affirmées. Daenerys se voit même obligée de punir Drogon, en pleine crise d'ado : il s'amuse à brûler des troupeaux et consomme la viande sans remords.

DE FÁFNIR À MERLIN L'ENCHANTEUR

L'image du dragon exalte les passions humaines; c'est ce qui explique que cette figure soit commune à de nombreuses cultures. En Europe, les légendes slaves, celtes et germaniques, parmi d'autres, attestent de la fascination des Hommes pour ce type de créature.

Fáfnir, par exemple, est l'un des personnages très connus de la mythologie scandinave, dont l'histoire raconte l'avarice et le parricide[14]. Fáfnir était à l'origine un homme. Il était le fils de Hreidmar, roi des nains, qui avait extorqué un trésor aux dieux Odin, Loki et Hœnir pour réparer l'homicide involontaire de son fils Ótr. Ce trésor était empoisonné; il contenait de l'or et un anneau maudits par le nain Andvari. Avide du trésor, les deux fils de Hreidmar l'abattirent, puis

14. «Reginsmál», *Edda poétique*, XIIIe siècle.

Fáfnir se métamorphosa en dragon pour accaparer les richesses et l'amena dans le Valhalla, l'un des Neuf Mondes.

Le dragon est le symbole du combat ; c'est d'ailleurs l'une des rares forces de Daenerys au début de la saga. Dans la légende arthurienne, il permit à Merlin de s'affirmer en tant que pièce maîtresse du royaume de Bretagne[15]. L'enchanteur devina que deux dragons, un rouge et un blanc, dormaient paisiblement sous terre ; il prévint alors le roi Vortigern du risque d'effondrement. Quand les créatures furent déterrées, elles se mirent en effet à se battre et se tuèrent l'une l'autre. Ce face-à-face, expliqua alors Merlin, était l'annonce prophétique du combat entre Vortigern et Uther Pendragon, le roi légitime. À l'issue de ce combat épique, Pendragon prit Merlin comme bras droit.

La légende arthurienne évoqua fréquemment la créature. Les combats avec le reptile lanceur de flammes s'intégrèrent dans la geste[16] des chevaliers, une étape — ou un détour — en plus vers la quête du Graal. Sortir vainqueur de ce type de bataille rehaussait le statut des personnages, glorifiant leur force physique et leur noblesse de cœur.

DES FILS À MAMAN

Mignons, les dragons ? Oui, un peu. Touchants ? À leur manière, en effet. Leur extraordinaire fidélité à leur mère, un trait de caractère marquant, fait d'eux bien plus que des animaux de compagnie. Elle signe le lien indescriptible entre l'humaine et ses puissantes créatures. Mais cette relation fusionnelle dépasse celle, maternelle, qu'on pense installée

15. Jacques Boulenger, *Les Romans de la table ronde*, 1922-1923.
16. Hauts faits de héros au Moyen Âge.

depuis leur naissance. Les adorables petits ont le pouvoir de reconnaître un Targaryen même quand lui-même n'a pas conscience de sa descendance. Le premier contact entre Jon et Drogon met en exergue ce rapport mystique : l'imposant reptile se laisse caresser par la main de l'homme et semble même y prendre un certain plaisir.

Ce lien qui transcende là encore le rationnel préfigure la première bataille avec les Marcheurs et leur horde de morts durant laquelle Viserion perd la vie. Au moment de la transformation, on pressent que George R. R. Martin avait prévu ce retournement de situation dès le commencement de *Game of Thrones*, annonçant une répartition égale des forces avant la bataille finale : les dragons eux aussi sont vulnérables, ils ne suffiront logiquement pas à gagner la guerre. Mais, en attendant, on reste fasciné devant cet imposant *dragon de glace*, qui remet encore une fois en question les lois de la nature.

LE SAVIEZ-VOUS ?

Un dragon, deux dragons… Des dragons partout !

Légende à la croisée des cultures, le dragon est particulièrement récurrent dans la fiction moderne. Il y est souvent décrit comme un être brutal, d'une force inimaginable, et quasi invulnérable. À la différence des enfants de Daenerys, il est paré de mauvaises intentions et sous la protection de forces du mal, identifiables ou non. Certaines figures ont ainsi marqué l'univers de la fantasy, tenant un rôle narratif précis : exalter la force guerrière de personnages souvent faméliques et les légitimer ainsi en tant que héros.

Dans l'univers de J. R. R. Tolkien, c'est le terrifiant Smaug qui est mis en scène. Le dragon y tient plusieurs rôles : il est un symbole de terreur, fait le lien avec le Mordor en annonçant le retour de Sauron et est la matérialisation de l'avarice, accaparant les richesses des nains pour les garder sous sa protection. On pense évidemment au mythe de Fáfnir qui se transforma en dragon pour garder le trésor maudit (dont un anneau !), mais pas seulement. Pour composer l'ensemble de son œuvre, l'auteur se serait en effet inspiré d'un poème anglo-saxon daté du XVIIIe siècle, le *Beowulf*, qui conte les glorieuses aventures du héros éponyme. Parmi elles, le protagoniste, devenu roi, combattit le dragon des Goths qui veillait sur un trésor, au fond d'une grotte. Tout commença avec le vol d'une coupe qui déchaîna l'animal. Beowulf arriva à bout de la créature mais le paya de sa vie, et le trésor fut finalement enterré avec lui.

Avare ou gardien ? La différence est subtile car l'un des rôles principaux du dragon est bien la protection d'un trésor. Dans *Harry Potter*, ces créatures sont en effet au service de Gringotts, la fameuse banque où sont entreposées les richesses de chacun. Mais il est un animal comme un autre et peut être dompté ; on peut même grimper sur son dos pour s'en servir comme monture, à la manière de Daenerys. Et pourquoi ne pas en faire carrément un animal de compagnie, comme Hagrid ? Pour un peu, on lui proposerait bien des cours avec la prétendante au Trône de Fer !

La saga entière de J. K. Rowling est imprégnée de la présence du reptile, pas un seul livre n'en fait pas mention. Mais c'est dans *La Coupe de Feu* qu'elle s'exprime le plus. La bataille majestueuse entre Harry et le Magyar à pointes, lors du Tournoi des Trois Sorciers, rehausse les qualités héroïques du jeune sorcier aux yeux de ses pairs. Et, surtout, offre au lecteur et au spectateur un moment de magie un poil sanglant tout à fait réjouissant.

UN PEU D'HISTOIRE

LE DRAGON A-T-IL VRAIMENT EXISTÉ ?

Recouvert d'une cotte de maille naturelle, il glisse ses deux mètres sur le sol indonésien, s'aidant de ses pattes aux griffes acérées et frappant l'air de sa longue queue reptilienne. Il guette sa proie avant de la croquer à l'aide de son épaisse mâchoire garnie de dents ensanglantées, chargée de venin et munie d'une langue jaune fourchue. Oui, le dragon de Komodo est bien réel mais, rassurez-vous, il ne vole pas et est incapable de cracher du feu. Pourtant cette espèce constitue un objet de fascination pour les biologistes et les historiens. On imagine sans trop de difficultés les raisons qui ont poussé les Hommes à nommer ce varan *dragon*, activant un imaginaire commun porteur des pires terreurs humaines. Eh oui, la morphologie de l'animal rappelle celle de certains dinosaures, de quoi en faire frémir plus d'un !

On se questionne alors : le mythe du dragon reposerait-il sur l'existence ancestrale des dinosaures ? Les grands fossiles découverts par nos ancêtres, durant l'Antiquité, ont-ils laissé penser aux Hommes que de telles créatures pouvaient réellement exister ? C'est la théorie de certains archéologues. Mais le fait n'est pas avéré et plusieurs historiens ont réfuté la thèse.

D'où vient donc cette satanée bestiole ? Regardons-la de plus près : elle possède, selon les cultures, des caractères reptiliens, des ailes, des griffes puissantes et serait amphibie. Elle est parfois affublée d'une crête, de cornes, d'écailles, de poils…

Aucun historien n'a à ce jour pu expliquer la genèse de cette figure. On suppose néanmoins qu'elle se serait développée en Afrique, probablement au Paléolithique, pour atteindre ensuite l'Asie et se répandre dans le monde. Elle résulterait d'une interprétation faussée de plusieurs éléments et d'un croisement de ces critères : découvertes d'ossements inexplicables, craintes de monstres marins, des crocodiles, de cadavres déchiquetés... Après tout, l'Homme est un animal qui aime se faire peur pour poser ses propres limites. Et on peut dire que, sur ce coup-là, c'est plutôt réussi !

DE FEU ET DE TERRE

Le monde connu, avec ou sans dragon

Le bon, la brute et le Trône

Le Trône de Fer, raconte-t-on, a été conçu à partir des 1 000 épées des ennemis d'Aegon Targaryen, fondues par le feu de son dragon Balerion. Il lui aurait fallu 59 jours pour le construire. En réalité, explique Lord Baelish, il n'y en a même pas 200. Mais l'effet recherché est là. Cette impressionnante assise est particulièrement tranchante ; elle aurait même tué plusieurs personnes qui n'y auraient pas pris garde. Et c'est bien là l'objet de sa création : un souverain ne doit jamais se sentir à l'aise sur son trône.

LA CHASSE AU TRÔNE

Ce symbole du pouvoir est au cœur de la série. Évidemment : tout converge vers le Donjon Rouge, géographiquement situé pour exalter les passions du Nord comme celles du Sud. C'est également un des rares éléments qui est resté du tout début de la royauté. C'est, enfin, le témoin des pires horreurs du Roi Fou et du coup d'État sanglant duquel sont nées l'image de l'Usurpateur (Robert Baratheon) et les prétentions des protagonistes au pouvoir : Daenerys, bien sûr, les frères de Robert, et même les rois du Nord, Robb puis Jon.

Les meneurs portent en eux le désir de pouvoir, mais pas seulement. C'est la légitimité de leur Maison, de leur emblème, qui a de la valeur. Daenerys, tout comme Stannis, se pense le vrai monarque. C'est par le sang qu'on devient roi.

Cette conception très chrétienne de la filiation princière nous transporte dans le Moyen Âge occidental, rythmé par les monarchies absolues et façonné par un imaginaire chevaleresque. Et c'est d'abord le découpage géographique qui l'exprime. Le gros du continent est composé de Sept Couronnes qui comptent, au début de la saga, neuf bannières : des familles qui ont prêté allégeance au Roi Usurpateur mais sont amenées à devoir faire un choix quand il est clair que les Lannister détiennent le pouvoir étatique. Et qu'est-ce qui le justifie ? Car, après tout, on raconte dans le peuple que le jeune Joffrey est le bâtard des jumeaux incestueux, Jaime et Cersei. Du côté des bannerets des Stark, on dit aussi que le prince est illégitime. De plus, le royaume est devenu si pauvre qu'il doit faire appel à la Maison Tyrell pour financer sa défense et son quotidien frivole... Mais Joffrey a le trône : celui qui a le fessier tranquillement posé sur les lames de métal détient le pouvoir. Tout simplement.

La symbolique du trône est forte dans la mythologie. L'histoire d'Héphaïstos (Vulcain chez les Romains), dieu forgeron, le montre[1]. Il naquit d'Héra seule qui souhaitait se venger de Zeus, son époux adultère. Mais à la naissance, le jeune être était si vilain et malade que sa mère, en colère, le jeta du haut de l'Olympe.

L'enfant fut recueilli par deux déesses, Thétis et Eurynomé, qui prirent soin de l'éduquer. Quand il fut en âge de se venger, il envoya un cadeau à Héra : un trône en or qu'il avait lui-même façonné. Mais la chaise possédait un mécanisme magique : quiconque s'y asseyait était incapable de s'en relever. Coincée, la déesse dut faire appel aux autres Olympiens. Dionysos fut finalement celui qui parvint à convaincre le dieu forgeron, à l'aide d'alcool, d'en extraire la mère punie.

1. Pausanias, *Description de la Grèce*, trad. Jean Pouilloux, Les Belles Lettres, 1992 et Hygin, *Fables*, trad. Jean-Yves Boriaud, Les Belles Lettres, 2012.

Dans *Game of Thrones*, le trône est source d'envie, de laquelle naît l'orgueil, celui de se penser plus légitime ou plus fort que le souverain en place : c'est l'*hybris* grec. Le trône est aussi l'assise qui permet de garder un œil sur le monde; dans la saga, c'est Varys, à l'aide de ses oisillons, qui joue ce rôle-clé.

C'est une référence indirecte à Odin. Le dieu nordique était assis sur Hlidskjálf, un «haut-siège» magique qui permettait d'observer tout ce qui l'entourait dans les Neuf Mondes[2] : c'était un imposant trône de pierre gardé par deux loups, Geri et Freki. Il se trouvait dans une tour de guet, tout en haut d'une enceinte d'Asgard, le domaine des Ases. Personne à part Frigg, l'épouse d'Odin, n'avait le droit de s'y asseoir.

Un jour Freyr, dieu de la prospérité, passa outre cette interdiction et, lorsqu'il posa ses fesses sur la surface de pierre, découvrit au loin une jeune femme. Elle s'appelait Gerð et vivait dans Jötunheim, le monde des géants. Après force d'arguments (et un peu de violence), le prétendant parvint à obtenir sa main.

Du trône peut donc naître l'amour? L'interprétation est poussive, particulièrement dans *Game of Thrones*. Lieu de pouvoir, jalousé, avec un œil sur le monde, il est l'épicentre géographique mais aussi symbolique de Westeros et, en ce sens, il constitue un contre-modèle vibrant de justice. En d'autres termes, le centre de pouvoir est aussi pourri que le royaume : Port-Réal est un espace marqué par la luxure, le meurtre, le mensonge. Une seule famille résiste à cet enfer : les Stark, menés par un couple d'une bonté et, surtout, d'une grandeur d'âme caricaturales. Ils sont l'image du bon chrétien qui tend la main à l'éploré, celui qui croit

2. Snorri Sturluson, *op. cit.*

en l'équité et au respect. « Ned Stark… L'honorable Ned Stark… », exulte Jaime avec dégoût quand il raconte la mort du Roi Fou. L'ensemble de la fratrie est touché par ce phénomène, traversée toute entière par les notions de justice et d'équité. Même Arya prend les armes pour rétablir l'ordre normal des choses. Et Brienne, au service de Catelyn, est elle aussi façonnée dans le même moule.

ÊTRE BON ET JUSTE

De bons samaritains, les Stark? Certes, mais pas seulement. Ils rappellent les multiples allégories de la justice qui ont façonné les mythes et la religion : Thémis, tante de Zeus et déesse de la justice. C'est elle qui prédit que le fils de Thétis, Achille, deviendrait plus fort que son père. Týr, lui, était un dieu nordique qui veillait sur l'ordre et l'équité. Il sacrifia sa main dans la gueule du loup géant Fenrir pour pouvoir l'enchaîner et maintenir le calme dans les Neuf Mondes. Ces notions sont présentes très tôt dans les croyances humaines ; la notion d'*hybris* grec en découle : il faut faire les choses bien pour éviter le courroux divin.

Toute la question, dans *Game of Thrones*, est de savoir s'il faut être bon au regard de la loi ou si la loi peut être détournée pour être bon. Sur ce point, les Stark ne sont pas toujours raccord. Ainsi Arya rappelle la posture très digne et à la fois agressive d'Antigone[3]. La jeune femme était l'enfant d'Œdipe, sous le joug d'une terrible malédiction : par mégarde, son père avait commis un parricide et un inceste[4]. Il avait fait preuve d'*hybris* sans le vouloir.

---

3. Sophocle, *Tragédies — tome 1 : Les Trachiniennes, Antigone*, dir. Alphonse Dain, trad. Jean Irigoin, Les Belles Lettres, 2002.
4. Apollodore, *op. cit.*

De sa relation avec sa mère Jocaste naquirent deux filles, Antigone et Ismène, et deux fils, Polynice et Étéocle. Les deux hommes s'entretuèrent pour le trône de Thèbes, un combat qui aboutit au bannissement de Polynice par Créon, oncle d'Antigone : il ne recevrait pas les rites funéraires, annonça le roi, et ne pourrait ainsi rejoindre les Enfers. Son âme serait en perdition. La jeune femme ne supportait pas cette injustice. Elle décida d'enterrer son frère malgré l'interdiction, prouvant ainsi un héroïsme dépassant la *démesure*. Arya, comme Antigone, lutte pour le rétablissement de la justice, quitte à prendre les armes et défier ainsi les lois des Hommes. Toutes deux, par le poids de leur passé, sont foncièrement cyniques et déterminées à rétablir l'ordre. Quitte à frôler la mort.

DU NORD À DORNE

Et la loi, dans tout ça? Elle émane de Port-Réal qui centralise l'exécutif, le législatif, le judiciaire mais également le religieux. Les royaumes autour sont soumis à son pouvoir, du moins en théorie. Car, en pratique, plus ils sont éloignés du trône, plus ils font ce qu'ils veulent, appliquant leurs propres règles au détriment de l'État centralisé. Le Nord, ancré dans la mythologie nordique avec ses loups et ses corbeaux est une contrée si grande qu'elle en est difficile à gouverner. Elle est liée par une même religion, animiste et inspirée du chamanisme, celle des «anciens dieux» quand le reste du territoire, les Îles de Fer exceptées, s'adonne à la religion des Sept.

Le Sud, lui aussi, fait figure de vilain petit canard, et Dorne tout particulièrement. Ses mœurs, sa liberté sexuelle, entrent en contradiction avec les règles des Sept Couronnes. Le libertinage y est autorisé, même pour les femmes et les hommes mariés. Les scènes de sexe qui mettent en scène

Oberyn Martell et Ellaria Sand rappellent ainsi le culte gréco-romain à Dionysos/Bacchus, dieu du vin et de la démesure, mais aussi celui à Komos/Comus, divinité du banquet et du libertinage. Elles sont une relecture des fameux banquets orgiaques fantasmés de l'Antiquité.

Le rapport au sexe, à l'*éros*, était une notion essentielle dans le mode de vie des Anciens, ce que la mythologie exprime directement. Les dieux masculins, en particulier, eurent de nombreuses conquêtes, divines ou humaines, féminines ou masculines. Zeus lui-même était sans doute le dieu à la sexualité la plus dynamique. Il coucha avec un nombre impressionnant de femmes et de déesses et, au panthéon de son carnet de chasse, au moins un homme, Ganymède[5]. L'histoire raconte que ce jeune prince troyen fut enlevé par le roi des dieux transformé en aigle, qui avait été subjugué par sa beauté. Zeus l'amena sur l'Olympe pour en faire son amant ; le jeune homme y devint l'échanson des dieux et leur servait à boire l'ambroisie qui rend immortel.

Selon d'autres versions, Ganymède aurait été enlevé par Éos, déesse de l'Aurore, mais il finit dans tous les cas dans les bras de Zeus. Héra, jalouse, tenta de renvoyer le prince chez les mortels mais, au lieu de cela, Zeus le transforma en une constellation qui brille toujours aujourd'hui dans le ciel, celle du Verseau.

La comparaison avec la mythologie grecque ne s'arrête pas là : les Aspics des sables, les huit filles guerrières d'Oberyn (trois dans la série) rappellent un groupe guerrier bien connu des Douze Travaux d'Héraclès, celui des Amazones. Dans les mythes grecs, ces femmes couchaient une fois par an avec les plus beaux hommes de la

---

5. Platon, *Le Banquet*, trad. Paul Vicaire, Les Belles Lettres, 2002.

région de manière à perpétuer leur peuple. Elles élevaient les filles et tuaient leurs garçons. En outre, elles se coupaient le sein droit pour mieux utiliser l'arc. Elles avaient ainsi organisé toute une société civile, avec des règles strictes, qui convenaient à chacune.

Pour son neuvième travail, Héraclès devait voler la ceinture d'or de la reine des Amazones, Hippolyte[6]. Il prit le bateau pour rejoindre l'embouchure du fleuve Thermodon. Là, il rencontra la souveraine qui, après une simple discussion, accepta de lui offrir sa ceinture. Tout allait se dérouler à la perfection, sans la moindre goutte de sang. Mais Héra perturba la bonne entente. Déguisée en Amazone, elle raconta que des étrangers tentaient de capturer leur reine. Arcs tendus et lances à la main, le groupe de femmes attaqua Héraclès qui, croyant à une trahison, tua Hippolyte puis massacra les Amazones. Une fin tragique que connaîtront, à leur manière, Obara et Nymeria des mains d'Euron Greyjoy dans la série.

7x7 = GOT

Dans *Game of Thrones*, les symboles se multiplient au cours des livres, références plus ou moins subtiles aux religions polythéistes et monothéistes, clins d'œil appuyés à l'histoire du Royaume-Uni et aux croyances païennes qui ont façonné tout l'imaginaire nordique.

Un autre symbole est présent tout au long de la saga, le chiffre sept. Au début, les Stark sont au nombre de sept — sans compter Jon, évidemment. Le royaume s'est construit sur sept couronnes. La Garde Royale est composée de sept chevaliers. C'est aussi le nombre de Sauvageons

6. Apollodore, *op. cit.*

(Jon compris) qui tentent d'attaquer le Mur. Même Oberyn avoue être le septième fils de sa lignée. Et, bien entendu, il y a la religion des Sept.

Diffusée par les Andals plusieurs milliers d'années avant les événements de *Game of Thrones*, cette religion a progressivement remplacé celle des anciens dieux, et tout particulièrement dans le sud du continent. Elle repose sur une construction complexe, avec des représentations matérielles (l'étoile à sept branches exposée dans la salle du trône), des symboles cultuels (un dieu aux sept visages), des espaces sacrés (le Grand Septuaire de Baelor à Port-Réal) et des représentants de cette foi (le Grand Septon, les septons et septas, l'ordre des Sœurs du Silence...).

Le choix de ce chiffre est loin d'être neutre. Depuis la Haute-Antiquité, il est chargé d'une symbolique forte qui s'est répandue dans le monde entier, en Égypte, en Asie, au Moyen-Orient... En Grèce tout particulièrement il se retrouve dans nombre de mythes. En effet, quand Polynice mena l'expédition contre son frère Étéocle en vue de récupérer le trône de Thèbes, il s'accompagna de sept rois et leurs guerriers. Rappelons également que les Pléiades, filles d'Atlas, étaient au nombre de sept.

Dans *Game of Thrones*, le chiffre dépasse le cultuel et trouve une valeur forte dans la représentation politique, elle-même nécessairement transcendée par la religion. Les Sept Couronnes définissent un territoire historique, réparti sur neuf régions. Il est certain que la religion des Sept a eu une incidence sur la construction du royaume. Et de ce mariage complexe naquirent nombre de mythes et légendes plus ou moins païennes qui tissèrent finalement la toile de fond de la saga.

LE SAVIEZ-VOUS ?

Game of Thrones, d'une carte à l'autre

Westeros est un continent qui s'étire tout en longueur sur le modèle de l'Angleterre et de l'Irlande inversées. Gigantesque, imposant, on le compare souvent, par sa taille, à l'Amérique du Sud, tout en considérant qu'aucun personnage n'est capable d'en délimiter le nord. À titre d'exemple, il faut suivre une route de près de 1 000 kilomètres pour rejoindre Port-Réal depuis Winterfell. Un trajet qui n'a rien de la petite promenade digestive.

Il n'est pas toujours aisé de comprendre la construction géographique du continent. Encore moins celle d'Essos où la mère des Dragons passe le plus clair de son temps. Il faut dire que la saga laisse rêveur, ne servant pas toujours la cohérence spatio-temporelle. Tyrion aurait en effet parcouru plus de 10 000 kilomètres en sept années seulement, dont plus de la moitié à pied, et Jamie aurait au compteur entre 5 000 et 7 000 kilomètres environ.

Les scénaristes de la série, dans la saison 7, se sont défaits de tout impératif spatio-temporel pour nous mener plus rapidement à la chute. C'est ainsi que Jon parcourut des dizaines de milliers de kilomètres en un claquement de doigts pour rejoindre Daenerys et la jeune femme, à l'inverse, vint à son appel dans la minute. Certes, un dragon vole (probablement) très vite, mais il reste néanmoins un animal forcément handicapé par son poids. Ces incohérences scénaristiques servent nécessairement la trame narrative complexe de la saga pour nous permettre de découvrir plus rapidement qui finira sur le trône… Si quelqu'un finit dessus, bien évidemment.

LE SAVIEZ-VOUS ?

Les folles épées du Trône de Fer

La formidable assise, objet de tous les désirs, est composée d'un bon paquet d'épées, on le sait. Mais la version télé du trône fait pâle figure par rapport à ce que George R. R. Martin avait imaginé. L'auteur a publié une illustration réalisée par Marc Simonetti qui en rend mieux compte : on y voit le trône, de plus de 4 mètres de haut, avec un siège qui paraît effectivement très tranchant, auquel on accède via une rangée de marches conçues en épées.

À côté de ce monstre de métal, le trône de la série est beaucoup plus classique dans sa conception et sa représentation. Pourtant les showrunners se sont quand même bien amusés. Certains fans ont regardé en détail sa composition et y ont trouvé deux épées qui appartiennent à d'autres univers : celle de Gandalf, nommée Glamdring, et celle de Robin de Locksley dans *Robin des bois*. Ces deux-là, on est sûr qu'Aegon ne les a pas affrontés !

La goutte d'eau qui fait déborder la couronne

À Westeros, l'eau est partout. Ou presque. Elle s'abat sur les falaises d'Essos, se jette à l'entrée de Braavos, s'étire jusqu'à Meereen dans la Baie des Serfs. Elle glisse doucement jusqu'à Port-Réal et redescend vers Lancehélion, à l'extrême sud-est des Sept Couronnes, fief de la Maison Martell. À l'ouest, elle serpente vers l'archipel des Îles de Fer puis traverse la mer du Crépuscule en direction du Mur.

L'eau encercle les personnages de *Game of Thrones* et tient un rôle décisif dans le parcours de certains groupes. Elle marque un rite initiatique pour Arya : c'est en quittant les rives de Westeros pour rejoindre Braavos qu'elle entame sa renaissance. Daenerys, elle, fait le tour d'Essos. Elle passe beaucoup de temps sur la côte, cherche des navires, n'envisage la guerre que par la traversée. Et pour cause, à la différence des Fer-nés, l'eau n'est pas un avantage maîtrisé, mais un obstacle majeur à franchir pour mener à bien ses projets de conquête.

L'EAU, UN OBSTACLE OU UNE STRATÉGIE ?

L'eau est un élément fondamental récurrent dans la mythologie, dont la répartition s'explique par des représentations fantasmées de la cartographie. Jusqu'aux grandes découvertes, les peuples avaient en effet une compréhension limitée de ce qui les entourait. C'est ainsi que l'*Odyssée* définit une carte maritime gigantesque. Ulysse, en réalité, ne quitta quasiment pas la mer Égée.

Plus encore, dans l'Antiquité grecque les Hommes associaient les phénomènes marins à une pléiade de divinités. Poséidon (alias Neptune), dieu de la mer et des océans et frère de Zeus, est sans doute le plus connu. Mais il est loin d'être le seul : il y a également Amphitrite, l'épouse de Poséidon, ou encore Nérée (dieu marin primitif), les Naïades (nymphes aquatiques), les dieux-fleuves... Et les divinités du vent tels Éole (Aeolus) et Borée (Aquilos), en lien direct avec l'eau.

Pour assurer le bon courroux de tous ces personnages magiques, les hommes faisaient des offrandes et des sacrifices. C'est ainsi qu'Iphigénie faillit finir avec la tête en moins[7]. La jeune femme était la fille d'Agamemnon, roi de Mycènes et d'Argos qui fut désigné pour diriger les troupes grecques vers Troie. Sa mission consistait à reprendre Hélène, enlevée par le Troyen Pâris, l'un des fils du roi. Pour rejoindre la cité, il fallait passer par la mer : les navires partaient d'Aulis, près d'Athènes, puis traversaient la mer Égée pour atteindre l'Hellespont. Impossible pourtant de quitter le port : Agamemnon avait beau attendre, les vents restaient toujours défavorables.

Le devin Calchas, qui tenait son don de vision d'Apollon, expliqua alors ce qui se passait : Agamemnon avait offensé Artémis en se vantant d'être meilleur qu'elle à la chasse. En guise de châtiment, la déesse empêchait le vent de souffler. Pour l'apaiser, expliqua Calchas, il fallait tuer Iphigénie, la fille du roi.

Malgré les pleurs de la jeune femme, Agamemnon accepta le sacrifice : il devait sans tarder partir à Troie, au

7. Euripide, *Iphigénie à Aulis*, trad. Jean Bollack et Mayotte Bollack, Les Éditions de Minuit, 1990.

nom de la Grèce! Il fit venir sa fille à Aulis en prétextant organiser son mariage avec le grand et bel Achille. Mais elle comprit vite la traîtrise et finit par accepter, elle aussi, de mourir. Artémis suivait la scène de loin et, au moment où Iphigénie manqua de se faire égorger, elle la remplaça par une biche et emmena la mortelle dans son temple en Tauride. Là, elle devint une prêtresse dévouée à la déesse.

Le filicide[8] est un thème que l'on retrouve dans la mythologie et les religions. Tout comme le sacrifice d'Isaac, c'est un moment symbolique où l'homme exprime une terrible violence, expie par la douleur, et fait ainsi naître un nouveau monde. Difficile de ne pas comparer ces sacrifices à ceux que fait la sorcière rouge, Mélisandre, pour ravir le Maître de la Lumière : d'abord le frère de Stannis, puis son neveu Gendry, qui parvint à s'échapper *in extremis*, et enfin la fille du prétendant au trône, Shôren.

Pour Stannis, l'eau est une stratégie; c'est en effet le seul moyen de rejoindre Port-Réal pour envisager le combat. La monumentale bataille de la Néra, la plus importante de la guerre des Cinq Rois, rappelle, là encore, les combats épiques de la guerre de Troie.

LES FER-NÉS ET LE DIEU NOYÉ

À l'ouest de Westeros, les Fer-nés ont un autre rapport à l'eau. Ces femmes et ces hommes restent ancrés dans une tradition ancienne qui se définit en opposition à la religion des Sept et au passé fondateur des Sept Couronnes. Leur histoire est empreinte de frustrations; ils ont tour à tour été vaincus par les Targaryen et les Tully lors de la Guerre de la

8. Le meurtre d'un enfant par l'un de ses parents.

Conquête, puis par une coalition de Maisons à l'issue de la Rébellion Greyjoy. Cet esprit d'insubordination s'est inscrit dans la culture même de ce peuple de pêcheurs.

« Ce qui est mort ne saurait mourir mais se lève à nouveau, plus dur à la peine et plus vigoureux. » Cette phrase, récitée à de multiples occasions, porte la philosophie de leur religion, celle du dieu Noyé. Dans les croyances, la divinité se serait noyée pour son peuple avant de ressusciter. Les prêtres se doivent ainsi de s'immerger à la manière de leur dieu et, à la naissance, chaque enfant est traditionnellement plongé dans l'eau de mer. C'est un rite initiatique censé sacraliser l'Homme. L'immersion rappelle le baptême chrétien, symbole de mort et de renaissance, mais pas uniquement. Dans la mythologie grecque, Achille, bébé, fut plongé dans le Styx, fleuve des Enfers[9]. Cette eau avait des propriétés magiques capables de rendre quiconque invulnérable. Sa mère Thétis le tint par le talon et l'immergea dans le fleuve. Le héros de la guerre de Troie fut tué, adulte, par une flèche dans ce fameux talon qui restait son unique faiblesse physique.

Le mythe de la fontaine de jouvence est étroitement lié à l'histoire d'Achille. Elle était censée redonner la jeunesse ou délivrer l'immortalité à celui qui en buvait ou qui s'y baignait. Les Romains pensaient que cette source magique était originellement une nymphe que Jupiter (Zeus) avait transformée en fontaine régénérante. Son épouse Junon (Héra) s'y baignait chaque année pour retrouver sa virginité. Chez les Celtes, la tribu de Dana (Tuatha Dé Danann) plongeait les blessés au combat dans une fontaine censée leur redonner la vitalité afin qu'ils puissent reprendre le combat dès le lendemain.

C'est bien ce rapport à la pureté du corps et de l'esprit qui trouve un écho particulier dans les croyances des Fer-nés.

---

9. Homère, *op. cit.*

Leur philosophie repose sur la force et le courage. Seuls les plus résistants peuvent survivre, à l'image du dieu Noyé : «Ce qui est mort ne saurait mourir.»

Dans les croyances de ce peuple, une autre figure constitue le pendant négatif de la divinité adorée. Le dieu des Tornades représente le malheur et la discorde. Symboliquement, les deux se répondent et se complètent, comme les divinités gréco-romaines dont les pouvoirs sont interdépendants. Que ferait Poséidon sans Éole? Que serait le dieu de l'eau sans le maître du vent? Où en serait Daenerys si les voiles de ses navires étaient restées à plat?

LE SAVIEZ-VOUS ?

Game of Thrones, en mode tourisme

90 millions de dollars, soit près de 80 millions d'euros. C'est le budget annoncé pour la saison 8 de *Game of Thrones*. Un chiffre pharaonique. Il faut dire que, depuis le début de sa diffusion, la série a représenté une petite fortune en dépense, et pas uniquement en raison des effets spéciaux. Pour représenter les différents royaumes et régions, les équipes se sont déplacées dans le monde entier, ce qui leur a permis d'aborder des espaces aux températures extrêmes, le Nord glacé comme le sud d'Essos à la chaleur intenable.

Les spectateurs sont transportés dans au moins sept pays, d'un bout à l'autre de l'Europe, en passant par le Maghreb. On navigue en Islande, puis on redescend pour une halte au Maroc. Les scènes se déroulant à Port-Réal, elles-mêmes, ont été tournées dans deux pays, en Croatie et à Malte. C'est tout particulièrement Dubrovnik, avec ses épaisses murailles s'élevant sur l'eau, qui a été choisie pour symboliser le cœur des Sept Couronnes. Les murs du Donjon Rouge, quant à eux, sont ceux de la forteresse Saint-Laurent (ou Lovrijenac), à l'extérieur de Dubrovnik. Et la bataille de la Néra a pris pour théâtre la baie qui fait face à la forteresse.

L'Islande, et tout particulièrement Vatnajökull, deuxième plus grand glacier d'Europe, a été choisie pour ses paysages enneigés capables de simuler de larges espaces polaires. Les scènes se déroulant à Winterfell ont été tournées dans différents lieux, et notamment au château de Doune qui a déjà servi en 1975 dans *Sacré Graal !* des Monty Python.

L'Espagne et le Maroc ont été des lieux de tournage de nombreuses scènes ensoleillées : la plupart des cités libres, la mer Dothrak, Dorne, les arènes de Meereen et bien d'autres. Mais la plupart des scènes se déroulant dans les Sept Couronnes ont tout simplement été filmées en Irlande : les îles de Fer, la cour de Winterfell, Peyredragon et les Terres de l'Orage où Mélisandre a accouché. Un véritable tour de l'Europe !

UN PEU D'HISTOIRE

LE FEU GRÉGEOIS, DE CONSTANTINOPLE À PORT-RÉAL

La bataille de la Néra est devenue culte dans l'univers de *Game of Thrones*. Et pour cause, c'est le premier combat qui a lieu, au cours de la guerre des Cinq Rois, opposant un prétendant au trône à Port-Réal. C'est également la première fois que le lecteur ou le spectateur envisage sérieusement que les Lannister puissent perdre la couronne, juste avant le retournement de situation en faveur du roi en place. Avant cela, c'est Tyrion qui développe une stratégie pour repousser le siège : il utilise le feu grégeois pour enflammer la flotte de Stannis. L'image est majestueuse, tout en reflets bleutés sur l'eau. Et, en une poignée de secondes, la majorité des navires du frère de Robert Baratheon partent en poussière. Mais, au fait, le feu grégeois, ça existe vraiment ?

Ce mélange, capable de brûler même au contact de l'eau, aurait été inventé au VIIe siècle à Constantinople. À l'époque, la ville sainte était sous l'autorité de l'Empire byzantin. Cette nouvelle arme aida à protéger la ville face aux Arabes lors des sièges de Constantinople, dès l'année 674. Très puissante, elle aurait permis de protéger la cité jusqu'à la chute de l'Empire, au xve siècle. Mais la légende veut que la recette de cet incroyable mélange, un véritable secret militaire, ait été enterrée avec les Byzantins et sa composition exacte perdue. Et c'est sans doute bien mieux comme ça.

Valyria : le mystère de la cité engloutie

Westeros est l'espace principal de la guerre pour le Trône de Fer. Et pour cause, les Sept Couronnes, qui couvrent une grande partie du continent, sont dirigées par un pouvoir central : Port-Réal. Daenerys, elle, grandit loin de cette organisation étatique dont elle clame être la représentation politique légitime. Sa quête initiatique, durant six saisons, nous promène à travers le continent d'Essos, au sud-est de Westeros. C'est un monde oriental magnifié où magies et légendes se mêlent étroitement pour composer un univers étrange, inaccessible. C'est la définition même de l'exotisme, dont l'étymologie grecque signifie « au-dehors, étranger ». Cet espace immense est encore mal connu mais son histoire est étroitement liée à celle des Sept Couronnes. Elle remonte elle aussi à l'Âge de l'Aube, cette période qui vit la naissance des Premiers Hommes, l'émergence des Enfants de la Forêt et des Géants. Le Fléau de Valyria, 400 ans avant la guerre des Cinq Rois, est considéré comme l'événement marquant de l'histoire du continent. Il s'agit d'un important cataclysme, sans doute une éruption volcanique, qui détruisit une partie de la péninsule. L'Empire valyrien, qui maîtrisait alors une grande partie du continent, ne survécut pas à la catastrophe.

La marque de Valyria n'était autre que le dragon. En apprenant à maîtriser l'animal, qui peuplait largement le territoire, la cité put conquérir le reste du territoire. Elle établit des colonies et comptoirs pour faire travailler les esclaves dans les mines. L'Empire fonctionnait sur les bases d'une oligarchie, avec des possessions gérées par un pouvoir central. Sa disparition permit la naissance des neuf cités libres. Mais, à travers Essos, Valyria reste un espace mystérieux et craint, où de nombreux conquérants ont disparu sans raison après le Fléau.

Toutes les zones d'ombres autour de la cité déchue nourrissent l'imaginaire populaire pour façonner un espace entre la vie et la mort, entre le rationnel et l'irréel. C'est une référence au mythe de l'Atlantide qui a, lui-même, profondément marqué la culture occidentale.

DE L'ATLANTIDE À YS

L'Atlantide était une île à laquelle il est fait référence dans les écrits de Platon[10]. Puissante et conquérante, elle devint rapidement le cœur politique d'une thalassocratie[11] au large du détroit de Gibraltar (les colonnes d'Hercule) dans l'océan Atlantique, dont la marche sur l'Europe aurait été stoppée par Athènes. Tout comme Valyria, elle fut engloutie par les eaux suite à un cataclysme. Mais dans la mythologie, c'est Zeus qui provoqua le désastre pour punir l'*hybris* des Atlantes. Les vestiges ne furent jamais retrouvés, laissant en suspens cette question : l'Atlantide, un fantasme ou une véritable cité disparue ?

Lorsque, dans la série, Jorah Mormont traverse en radeau l'ancienne Valyria en ruines, les *showrunners* éveillent en réalité tout l'imaginaire fabuleux qui s'est construit, au fil des siècles, autour du mythe de l'Atlantide. Mais cette cité est dangereuse ; les romans nous apprennent que Gerion Lannister (frère de Tywin) y a étrangement disparu. Et les

10. Voir notamment *Œuvres complètes — tome X : Timée*, trad. Albert Rivaud, Les Belles Lettres, 1925.

11. Se dit d'un pouvoir centralisé fort sur la mer. Le terme vient de *thalassa*, en grec, qui signifie « la mer ».

hommes de pierre, qui hantent les vestiges oubliés de la glorieuse cité, n'ont rien pour nous rassurer. Ces personnages atteints de grisécaille, la même maladie incurable dont souffre la fille de Stannis, n'ont plus rien à perdre, rendant plus terrifiant encore cet espace fantomatique.

Mystère, grandeur et horreur : ces adjectifs soutiennent l'image fantasmée de nos cités englouties et disparues, dans le monde entier. Car l'Atlantide a inspiré de nombreuses histoires. Dans les légendes de Bretagne, la ville d'Ys, dans la baie de Douarnenez, aurait été engloutie par l'océan pour punir ses habitants[12]. Tout part de l'histoire de la princesse Dahut, d'une très grande beauté. Elle était la fille du roi Gradlon et de la reine du Nord, Malgven. Un jour, elle réclama à son père qu'il construise, pour elle, une ville près de la mer. Ce fut, dit-on alors, la plus belle cité du monde. Afin de la protéger des tempêtes, le roi érigea tout autour une grande digue munie d'une porte en fer fermée à clé, unique passage possible. Il garda la clé autour de son cou.

Ys était connue comme un endroit de joyeux fêtards, où l'on dansait, mangeait et buvait jusqu'à plus soif. Dahut, elle, avait chaque soir un nouveau fiancé ; elle posait sur le visage de son amant un masque noir qui, le matin, enserrait sa gorge jusqu'à l'étrangler. Elle offrait ensuite le corps à la mer. Mais un beau jour, un chevalier perturba ce rituel : il la convainquit de voler la clé accrochée au cou du roi. Au moment où elle se saisit de l'objet, la mer se déchaîna, devenant terrifiante. Le père et la fille, effrayés, s'enfuirent à cheval mais l'eau les encercla. On entendit un murmure ordonnant à Gradlon d'abandonner Dahut. Saint Guénolé apparut alors, accusant la jeune femme de tentative de vol. Le roi, en colère, jeta sa fille qui fut emportée par les eaux.

12. Jean Markale, «La Ville engloutie ou le mythe celtique des origines», in *Les Celtes et la civilisation celtique, mythe et histoire*, Paris, Payot, 1969.

La cité d'Ys fut alors engloutie. L'ensemble de ses habitants se noyèrent.

La mer est ici personnifiée. C'est elle qui punit la princesse. Mais pourquoi, au fond ? Le vol n'est en fait qu'un prétexte ; la véritable erreur de Dahut est d'avoir fait de cette glorieuse cité un endroit de débauche. La légende repose sur les histoires bibliques des villes pécheresses détruites par la volonté divine, Sodome et Gomorrhe. Elles-mêmes s'inspirent des châtiments infligés par les dieux de l'Olympe quand ils sont courroucés par l'*hybris* humain.

De là à dire que les Valyriens, furieux conquérants et esclavagistes, auraient été punis par une force supérieure, il n'y a qu'un pas. Mais cela, la saga ne le dit pas.

Néanmoins, tout n'est pas toujours complètement noir dans les mythes ; la disparition n'est pas nécessairement synonyme de destruction et de malheur. Avalon, par exemple, une île de la légende arthurienne, se serait volatilisée au moment de la quête du Graal par Galaad. C'est dans cet espace magique qu'Excalibur aurait été forgée. C'est également l'endroit où Arthur aurait été emmené après son dernier combat à Camlann. Ce serait en Avalon, enfin, que la fée Morgane aurait vécu. Comme dans *Game of Thrones*, c'est un lieu gorgé de magie, un espace déconnecté du temps et du monde des Hommes, un espace idéal, finalement, pour y voir naître une jolie portée de dragons.

UN PEU D'HISTOIRE

ET L'EMPIRE ROMAIN DANS TOUT ÇA ?

Les inspirations de George R. R. Martin sont multiples. Si l'histoire de Valyria rappelle le mythe de l'Atlantide, elle est également une référence à l'effondrement des empires conquérants, et plus particulièrement celui de l'Empire romain.

Rappelons que Rome atteignit son apogée au IIe siècle après J.-C. Son influence s'étendait alors sur la Méditerranée, la Grèce comprise. L'Empire se scinda ensuite en deux parties : orientale, futur Empire romain germanique, et occidentale au profit des Byzantins. Son déclin, stimulé par de multiples causes politiques, sociales et économiques, débuta au Ve siècle avec l'abdication du dernier empereur de la partie occidentale.

Le principal ennemi de Valyria était l'Empire ghiscari, reconnaissable à l'emblème de la Harpie — souvenez-vous, dans la saison 5, Daenerys détruit la statue d'or façonnée à cette image pour symboliser la chute de l'esclavagisme. La ville de Ghis est comparable à Carthage qui fut un adversaire de poids de Rome, et particulièrement durant les guerres puniques aux IIIe-IIe siècles avant J.-C.

Le parallèle entre Valyria et Rome se poursuit dans l'histoire de leur expansion, la force de leur conquête respective de la péninsule et l'assimilation d'esclaves. Les deux empires, enfin, se sont construits sur les ruines d'une organisation étatique complexe, les royaumes hellénistiques de la période classique pour Rome, les Andals et les Rhoynars pour Valyria, avant de vivre une chute destructrice.

L'Orient, neuf cités et un poil de magie : Qarth et la mer Dothrak

L'Empire valyrien est l'épicentre historique et culturel de *Game of Thrones* : c'est l'endroit d'où sont partis les Andals, où vivait initialement la Maison Targaryen, où sont nés les Dragons. C'est également dans cet espace, avant l'invasion de la cité prospère, que s'est développée la religion des Sept : la divinité aux sept visages se serait incarnée à Andalos, au nord-ouest d'Essos. C'était à l'époque d'Hugo de la Colline, premier roi des Andals.

Des cendres de l'Empire naquirent les cités libres, neuf cités-États indépendantes partageant une culture commune : esclavage, meurtre resté injugé, représentation masculine exclusive dans la sphère politique… Daenerys la bouscule violemment durant son périple. Son voyage, de Pentos à Peyredragon, nous transporte au cœur d'un Orient fantasmé, gorgé de soleil, recouvert d'or et empreint de magie. Ces royaumes et ces peuples rappellent, par certains aspects, différents mythes et légendes.

LA FASCINATION POUR L'OR

Qarth est la deuxième ville dans laquelle s'arrête Daenerys après son départ de Pentos. C'est l'exemple même de la cité-État autosuffisante dotée d'une grande richesse. L'espace urbain, cloisonné par trois murailles qui la délimitent et par les mers d'Été et de Jade au sud, est décoré d'immenses statues de héros et d'un imposant arc de marbre incrusté de pierres précieuses. C'est une des cités les plus riches d'Essos où l'on trouve divers produits de luxe : vêtements, pierres, épices... Elle rappelle ainsi le mythe américain des sept cités d'or et celui de l'Eldorado, un espace regorgeant d'or.

Mais la fascination des Hommes pour le métal précieux est bien plus ancienne. Elle remonte au moins à l'Antiquité grecque. Après tout, l'épisode de la Toison d'or est l'une des quêtes centrales de la mythologie[13]. Le roi Pélias, fils de Poséidon et de Tyro, ordonna à son neveu Jason de récupérer cette peau sacrée que détenait Éétès, roi de Colchide. Le héros arriva au bout de sa quête avec l'aide de Médée, fille d'Éétès, tombée amoureuse de lui.

Mais d'où vient cette toile scintillante? L'origine du mythe repose sur l'union de Poséidon et de la mortelle Théophane. Elle était la fille de Bislatie, lui-même enfant du Soleil (Hélios) et de la Terre (Gaïa). La jeune femme était si belle que de nombreux prétendants lui couraient après. Pour la protéger, Poséidon, lui aussi amoureux, la transforma en brebis et se métamorphosa lui-même en bélier. De leur amour naquit Chrysomallos, un bélier magique capable de parler. Il pouvait voler et portait la fameuse toison en or. L'animal aida Phrixos et Hellé à fuir leur belle-mère Ino qui tentait de les tuer. Il les transporta jusqu'en Colchide en direction du roi Éétès. Sur le chemin, Hellé perdit la vie. Son frère Phrixos, lui, sacrifia le bélier en l'honneur de Zeus et offrit la toison à Éétès.

L'or est un symbole de pouvoir, tant pour les Lannister, décorés d'un lion d'or en guise de blason, que pour les

---

13. Apollonios de Rhodes, *Les Argonautiques*, trad. Henri de La Ville de Mirmont, 1892.

Targaryen qui y cherchent un moyen de conquérir les Sept Couronnes. C'est ainsi que Viserys, frère de Daenerys, meurt d'une couronne d'or en fusion que Drogo fait couler sur son crâne. Cette scène fait un clin d'œil historique à une tradition gréco-romaine : chez les Grecs, la couronne de lauriers, qui pouvait être en or, était un signe fort de distinction et d'honneur. C'était l'attribut de nombreuses divinités, et tout particulièrement d'Aphrodite, la plus belle des déesses. Certains mythographes racontèrent que cette même couronne fut offerte à Ariane à l'occasion de son mariage avec Dionysos. D'autres que c'est le dieu du vin lui-même qui la fit façonner par Héphaïstos avant de la donner à son épouse.

En tuant Viserys de cette manière, le Khal déshonore le statut du frère de Daenerys. Et cette dernière, de prononcer une dernière phrase cynique et lourde de sens : «Il n'était pas un dragon. Le feu ne peut pas tuer un dragon.»

DE LA MAGIE ET DES SORCIERS

Qarth est également un lieu de magie ou plutôt de sorcellerie. On y rencontre de nombreux personnages étranges. Il y a Quaithe au visage couvert, une ensorceleuse d'ombre qui possède, comme Mélisandre, des dons de clairvoyance et de prophétie. Il y a aussi les Nonmourants, qui vivent dans l'hôtel éponyme où les dragons sont cachés (dans la série). Ils sont les maîtres de la Guilde des Conjurateurs de Qarth et sont censés posséder des pouvoirs occultes.

Le thème de la sorcellerie est abordé par une grande majorité de peuples à travers le monde. On soupçonne que, dès la Préhistoire, la magie servait aux Hommes à comprendre l'inexplicable. En Grèce, elle était détenue par différents types de personnages aux frontières pas toujours claires : les dieux (Titans, Olympiens), les divinités mineures (nymphes, Muses, Hespérides...) et certains mortels (héros, devins, voyants...). L'essence d'un magicien n'était donc pas toujours claire : Circé, qui tomba amoureuse d'Ulysse dans l'*Odyssée*, mais aussi Médée et même Hécate étaient souvent associées à la sorcellerie, préfigurant la face sombre de la magie.

Dans le folklore scandinave, les *völva* étaient des prêtresses qui pouvaient rendre des services aux hommes. L'une des plus connues, Groa, tenta de retirer une pierre enfoncée dans le crâne de Thor que le dieu avait reçue à la suite d'un combat avec le géant Hrungnir[14]. La *völva* récita des incantations qui firent bouger la pierre. Pendant qu'elle le soignait, Thor lui conta son retour du pays des géants, le Jötunheim. L'histoire passionna tant Groa qu'elle en oublia ses incantations. Résultat : la pierre resta éternellement coincée dans la tête du dieu.

Dans *Game of Thrones*, la pratique de la magie fait partie de l'essence d'Essos. Elle n'est fondamentalement ni positive ni négative ; tout dépend qui la pratique et dans quel cadre. Elle est souvent associée à la religion : Mélisandre prêche pour le dieu R'hllor, les Sans-Visage pour le dieu Multiface. Elle peut être païenne : la Vervue (capacité de voir dans le passé, le présent, le futur), les change-peaux qui peuvent entrer dans l'esprit des animaux... Et il y a celle décrite comme *la magie noire*.

Mirri Maz Duur est l'image même de la sorcière dotée de ce type de pouvoir. Avec des incantations mystiques et du sang de cheval, elle parvient à sauver Drogo en échange de la vie du fils de Daenerys. Mais le Khal n'est plus le même : son cœur bat, pourtant son esprit n'est déjà plus là. La femme est une *maegi*, qui utilise les arts magiques, notamment la sang-magie (sortilèges à l'aide du sang). Elle est la caricature de

14. Snorri Sturluson, *op. cit.*

la magicienne maléfique, la sorcière médiévale qu'on brûlait sur le bûcher. Cette conception du surnaturel se développa en opposition au christianisme durant le Moyen Âge ; certaines pratiques, inspirées du chamanisme, furent interprétées comme occultes, dangereuses et (forcément) diaboliques.

UN PEU D'HISTOIRE

LA GRÈCE CLASSIQUE REPRODUITE FAÇON GUERRE DU TRÔNE

Les neufs cités libres qui naquirent de la chute de Valyria portent en elle le cœur de notre civilisation ancienne et de son fonctionnement socio-politique, en partie tout au moins. George R. R. Martin s'est en fait inspiré, ici, de l'organisation des cités grecques à l'époque classique. On appelait ces regroupements humains *polis*, un terme qui aurait signifié «peuple, nombre» — le mot *cité* venant du terme latin *civitas*. Il caractérisait une ville, cœur politique, religieux et culturel, et son agglomération, des campagnes dont les habitants étaient considérés comme citoyens à part entière. Parmi les nombreuses cités de la Grèce classique, Athènes et Sparte se sont démarquées par leur force guerrière et leur importance démographique.

Les neufs cités libres sont peut-être ainsi à rapprocher de la Ligue de Délos, une alliance militaire qui fonctionnait aussi comme organisation étatique. Seule différence : la Ligue était dirigée par Athènes, cité-mère, alors que les villes d'Essos sont, comme l'entend leur nom, entièrement libres de tout pouvoir supérieur. Jusqu'à l'arrivée de Daenerys en tout cas.

L'Orient, neuf cités et un poil de magie : la Harpie et Braavos

À Essos, on rencontre un autre groupe humain dont l'emblème est directement tiré d'une figure mythique : ce sont les Fils de la Harpie, une milice d'Astapor qui devint peu à peu un groupe dissident. C'est cette communauté qui fut massivement écrasée par les Dothraki, sous l'impulsion de Daenerys. Mais qui sont-ils? Le groupe rebelle est constitué d'anciens maîtres esclavagistes qui portent des masques à l'effigie de la Harpie. Cette figure fait écho à l'emblème de l'ancien Empire ghiscari qui se déployait le long de la Baie des Serfs, avant l'avènement de Valyria.

Mais pourquoi cette représentation? Dans la mythologie grecque, les Harpies étaient trois sœurs, mi-femmes mi-oiseaux, divinités de la dévastation. Filles de Typhon (dieu des tempêtes), elles étaient extrêmement rapides et violentes, et dévoraient tout sur leur passage. Elles étaient craintes tant par les Hommes que par les dieux qu'elles pouvaient aussi attaquer. On croyait également qu'elles enlevaient les enfants et les âmes des morts.

L'emblème ghiscari est muni d'un torse de femme, de pattes d'aigle, d'ailes de chauve-souris et d'une queue de scorpion. C'est une figure de l'horreur censée terrifier le peuple. La cité d'Astapor où Daenerys délivre les premiers esclaves possède de nombreuses statues à cette effigie, et tout particulièrement celle sur la pointe de la grande pyramide de Yunkaï que Daenerys déloge pour symboliser l'abolition de l'esclavage.

BRAAVOS ET LE TITAN

Au nord-ouest de la Baie des Serfs, Braavos s'affirme comme la plus mystérieuses des cités libres. Son histoire est un peu différente de celle de ses sœurs car elle ne fut jamais sous le joug de Valyria. De plus, elle ne pratique pas l'esclavage, contrairement à Qarth et aux autres cités de la Baie. Sa culture est complexe car modelée à partir d'inspirations multiples, à l'image de son architecture qui reprend des caractères vénitiens et stambouliotes. Elle est, enfin, le cœur économique d'Essos et de Westeros puisque la Banque de Fer y siège, faisant de cette cité la plus puissante du monde connu.

À l'entrée de la ville, les bateaux doivent passer sous une imposante statue de granit représentant un Titan. Elle sert de phare hurlant et d'espace de défense, avec ses meurtrières. Elle est surtout une référence directe aux tout premiers dieux grecs, chose étrange pour une civilisation qui n'est pas censée avoir été bercée dans cette mythologie. Dans les généalogies divines, les Titans étaient les ancêtres des Olympiens : Cronos, fils de la Terre et du Ciel, mais aussi Prométhée, Hypérion et Mnémosyne, parmi d'autres. Aphrodite elle-même, née du sperme d'Ouranos tombé dans l'eau, peut être considérée comme une Titanide selon Hésiode[15] (Homère, lui, en fera la fille de Zeus).

Cronos était le roi des dieux. Mais une prophétie annonça que son propre fils le détrônerait, comme lui-même l'avait fait jadis à son père Ouranos en lui tranchant le sexe. Pour éviter ce retournement en sa défaveur, il avala chacun de ses enfants : Héra, Hadès, Poséidon, Déméter et Hestia. Rhéa, son épouse, cacha le dernier-né dans une caverne du mont

---

15. Hésiode, *Théogonie*, trad. Paul Mazon, Les Belles Lettres, 1928.

Ida. Pour que Cronos ne s'aperçoive de rien, elle lui donna à manger une pierre couverte d'un lange. L'enfant sauvé s'appelait Zeus. Quand il fut en âge, le dieu se rebella : il fit vomir Cronos de ses frères et sœurs, puis entama une grande guerre contre les Titans, la Titanomachie. C'est à ce moment que les Cyclopes forgèrent les armes de Zeus et son groupe, retranchés sur l'Olympe : la foudre pour le dernier-né de Rhéa, le trident pour Poséidon, la kunée (casque qui rend invisible) pour Hadès. À l'issue de la guerre, les Titans furent emprisonnés dans le Tartare. Les dieux masculins, eux, se séparèrent alors le monde. Zeus eut le ciel, Poséidon la mer, Hadès les Enfers.

Mais la statue, qui protège la civilisation braavienne, pourrait également être une référence au mythe de Prométhée[16]. C'est l'un des rares Titans à n'avoir pas été enfermé dans le Tartare. Il était profondément humaniste ; certains mythographes[17] firent de lui le créateur des Hommes : il les aurait façonnés à partir d'eau et de terre, avant qu'Athéna ne leur donne le souffle de vie.

Prométhée est le dieu qui tenta d'améliorer la condition des mortels. Pour ce faire, il inventa un stratagème. Il proposa au roi de l'Olympe de choisir entre deux assiettes de viande : la première, alléchante, contenait les os et la graisse ; la seconde, à l'inverse, était moins appétissante mais composée des meilleures parties de l'animal. Zeus, qui avait tout de suite comprit la ruse, prit la première. Pour cette raison, les Grecs immolaient les os des carcasses afin de nourrir les dieux et gardaient pour eux la chair. C'est aussi cette légende qui explique la différence entre

16. *Ibid.*
17. Spécialistes de la mythographie, soit la transcription de mythes recueillis oralement.

les dieux et les Hommes : ces derniers sont mortels car consomment une nourriture qui se périme, contrairement aux dieux, car les os ne se détruisent pas.

L'histoire ne s'arrête pas ainsi. Pour punir le Titan, Zeus retira le feu aux Hommes. Prométhée, toujours aussi malin, s'empara d'une flamme et en fit présent à l'humanité. Le roi de l'Olympe fut hors de lui. Pour le punir, il le ligota sur le mont Caucase où, chaque jour, un aigle dévorait son foie qui repoussait la nuit. De plus, il créa Pandore, la toute première femme. Elle possédait une grande beauté, mais cachait un terrible secret : Zeus lui avait donné un esprit curieux, jaloux et perfide. Il lui offrit une boîte en lui intimant l'ordre de ne jamais l'ouvrir. Ce que la mortelle ne savait pas, c'est que la boîte renfermait tous les maux de l'humanité : la famine, la maladie, la guerre, le vice, la tromperie et bien d'autres.

Une fois son ouvrage achevé, Zeus fit présent de Pandore à Épiméthée, frère de Prométhée, qui la prit immédiatement pour épouse. Or la jeune femme, terriblement curieuse, ne put s'empêcher d'ouvrir la boîte, malgré l'interdiction. Tous les malheurs se répandirent en une seconde dans le monde. Elle la referma en vitesse pour tenter d'emprisonner les maux, mais seule l'espérance y resta coincée.

UN PEU D'HISTOIRE

LE TITAN, UN COLOSSE PAS COMME LES AUTRES

La forme élancée de la statue colossale, à l'entrée de Braavos, est directement inspirée du colosse de Rhodes. Les historiens ont longtemps pensé que ce monument de bronze servait de porte d'entrée au port de Rhodes, bien qu'elle ait plus vraisemblablement été positionnée sur les hauteurs de l'île. Dépassant 30 mètres de haut, elle représentait Hélios, le dieu Soleil, fils de Titan mais non Titan lui-même. Elle aurait été construite entre le IVe et le IIIe siècle avant J.-C., mais se serait écroulée peu de temps après, des suites d'un tremblement de terre, avant de disparaître complètement. Elle est considérée comme l'une des Sept Merveilles du monde. Le Titan de Braavos, qui fait près de 100 mètres de haut (presque autant que la Statue de la Liberté), est lui aussi considéré comme l'une des Neuf Merveilles de l'Homme décrites par le scribe Lomas Grandpas.

DE FEU ET DE SANG

Des personnages jusqu'à la dernière goutte

Des chevaliers à en perdre la tête

Ses cheveux blonds se soulèvent au rythme de la saccade, accompagnée des tintements métalliques de son armure et de son épée protégée par le fourreau. Le cheval s'élance sur les chemins boueux telle une flèche à travers bois. Au bout de la quête, il y a la satisfaction de faire le bien, de sauver les éplorés, mais aussi d'obéir à un seigneur que l'on sert corps et âme. Brienne de Torth est l'archétype parfait du chevalier ; elle pourrait même sortir tout droit de la légende arthurienne. À la précision qu'elle n'a pas ce statut, même si elle en représente le modèle idéalisé dans l'œuvre de George R. R. Martin.

Quand bien même. L'univers de *Game of Thrones* est façonné à partir des légendes épiques, celles qui représentent un Moyen Âge fantasmé. Il s'exprime par la *geste*, ces récits relatant les hauts faits de combattants décrits comme particulièrement héroïques.

Mais le chevalier n'a pas toujours été un pieux défenseur de l'humanité. Il était associé, au début du Moyen Âge, à une caste militaire et à des nobles de qualité inférieure. La saga de George R. R. Martin prend comme source d'inspiration un univers à mi-chemin entre histoire et légendes, marqué par une pléiade de personnalités nuancées. Brienne de Torth et Eddard Stark sont les deux figures guerrières qui se démarquent du lot par leurs caractères stéréotypés.

LA PUCELLE D'ORLÉANS

Lady Brienne est en effet la caricature du chevalier parfait. La notion manichéenne et très chrétienne du bien et du mal est particulièrement ancrée en elle. Elle parcourt le monde, servant avec une grande droiture les seigneurs qu'elle a jugés assez bons pour qu'ils méritent qu'on se batte pour eux. Et, une fois qu'elle a prêté allégeance, elle n'en démord plus, même si son seigneur a passé l'arme à gauche.

Elle est l'image exagérée de Jeanne d'Arc, personnage historique qui, au gré des siècles, a nourri mythes et légendes au point d'en faire une figure magnifiée.

La «Pucelle d'Orléans» eut un rôle décisif dans la guerre de Cent Ans, permettant à l'armée française de lever le siège d'Orléans. Elle devint une légende à elle-seule, entraînant mille histoires sur sa naissance et son enfance. Sa mission fut décrite comme prétendument divine et ses actions dans la libération du royaume comme miraculeuses. C'est grâce à ses prophéties, enfin, qu'elle parvint à avoir l'entière confiance du roi.

Guerrière, profondément croyante — et moralement juste —, entièrement dévouée au roi, elle est l'ancêtre historique de Brienne, avec son look androgyne et son exemplaire virginité. Elles ont choisi une juste cause, pensent-elles, et nul besoin pour elles d'être adoubée pour mener à bien leur mission (divine ou non) : venger Renly Baratheon et protéger les filles de Catelyn Stark.

ARTHUR PENDRAGON

Force, discipline, sens de l'honneur : ce sont autant de caractères qui définissent l'image du bon chevalier et représentent au mieux la personnalité de Brienne. En un sens,

Eddard Stark en est son équivalent masculin. Le seigneur passe sa vie à défendre le bien contre le mal, la vérité plutôt que le mensonge. Il détrôna le Roi Fou puis combattit au nom de Robert qu'il pensait légitime et juste. Quand il le faut, il sait mettre son ego de côté au profit des intérêts de sa famille. C'est tout le sens de la scène de confession de sa fausse trahison, peu avant sa mise à mort. Il est, enfin, le mari et le père parfaits, doux et attentionné avec son épouse, droit et affectueux avec ses enfants ; même son prétendu bâtard n'en est finalement pas un (on s'en doutait un peu, il faut dire).

L'ensemble de ces qualités en fait *a priori* le héros manifeste de la saga ; son brutal assassinat ne peut que surprendre le lecteur/spectateur et change la donne. Il marque ainsi le début de la guerre des Cinq Rois et la bataille acharnée entre les protagonistes pour le Trône.

Toutes ces caractéristiques rappellent un bon paquet de chevaliers et seigneurs des légendes médiévales, dont le plus manifeste : le roi Arthur[1].

Selon le folklore et les diverses légendes qui y sont rattachées, Arthur Pendragon, dont l'existence ne fut jamais attestée, défendit le royaume de Bretagne face aux Saxons, aux Ve-VIe siècles. Il constitua également l'ordre des Chevaliers de la Table Ronde pour entreprendre la quête du Graal. Ned, lui, combat les Sauvageons et, en tant que gouverneur du Nord, est entouré de multiples Maisons vassales qui ont en lui une confiance presque aveugle.

1. Martin Aurell, *La Légende du roi Arthur*, Paris, Perrin, 2007.

GLACE, EXCALIBUR ET DURANDAL

Quel est le point commun fondamental entre Brienne et Ned? Serait-ce Catelyn et ses filles? Pas vraiment. Leur aversion pour les Lannister? Non plus : c'est l'épée. Il faut reprendre le fil narratif de la saga pour le comprendre. Après la mort d'Eddard, Tywin fait fondre «Glace», l'épée du seigneur de Winterfell — un autre symbole fort de l'opposition perpétuelle entre le feu et la glace. Avec l'acier, il façonne deux épées; la première («Pleurs-de-Veuve») est transmise à Joffrey en guise de cadeau de mariage. Mais le jeune sadique n'a pas la chance ni le temps d'y toucher. La seconde est offerte à Jaime, qui la donne à Brienne comme présent d'adieu. Elle la nomme «Féale», soulignant là encore la force de ses croyances dans la fidélité à un suzerain.

Cette arme est l'une des rares épées en acier valyrien qui existent sur l'ensemble du territoire : il y a «Grandgriffe» que Jon reçut de Jeor Mormont, «Corvenin» que Sam dérobe à son propre père, et les autres qui sont disséminées dans diverses Maisons ou carrément perdues.

La particularité de cette épée, outre sa légèreté et son extrême solidité, c'est son aspect magique : elle est capable de tuer les Marcheurs blancs, sans qu'on sache vraiment pourquoi.

C'est évidemment un clin d'œil à Excalibur, offerte par la Dame du Lac, après que Merlin amena Arthur près de l'eau. Certaines versions l'assimilent à l'Épée du Rocher que le jeune homme parvint miraculeusement à extraire d'une enclume et qui prouva au monde sa qualité de roi. Elle était incassable et extrêmement tranchante — son fourreau rendait en outre invulnérable celui qui le portait.

Les épées magiques sont choses courantes dans les légendes de nombreuses civilisations. Chez les Celtes, on trouve par exemple l'épée de Nuada, l'un des cinq talismans de la tribu de Dana. Elle est d'une force extraordinaire, capable de trancher l'acier et le fer. Dans la mythologie nordique, l'épée de Freyr, dieu de la fertilité, pouvait combattre seule, protégeant celui qui la possédait. Elle ne pouvait être dirigée que par un héros digne. Il la perdit au profit de Gerð, la géante dont il tomba amoureux, et se fit finalement massacrer au moment du Ragnarök.

Dans les légendes médiévales, il y a aussi Durandal, l'épée incassable de Roland[2]. L'histoire raconte qu'avant sa mort, dans son combat contre les Sarrazins ou les Vascons (les Basques) dans les Pyrénées, le chevalier lança son arme contre une montagne pour la briser. Son objectif : éviter qu'elle ne tombe entre les mains de ses ennemis. Mais au lieu d'éclater en plusieurs morceaux, elle fendit la montagne en deux. C'est la brèche de Roland, aujourd'hui visible sur un col qui sépare la France de l'Espagne. Avec l'aide de l'archange saint Michel, l'arme traversa plus de 300 kilomètres jusqu'à Notre-Dame de Rocamadour. Là, au cœur du sanctuaire, elle se planta dans la roche. Et elle y est encore.

D'où vient Durandal ? L'arme aurait été offerte à Roland par Charlemagne qui, lui-même, l'aurait reçue d'un ange. Une autre version explique qu'elle aurait à l'origine appartenu à Hector, héros de la guerre de Troie tué par Achille[3].

Cette supposition n'est pas innocente. Si l'épée n'a pas un rôle symbolique très particulier, dans la mythologie grecque, elle entre néanmoins dans la catégorie des objets magiques qu'Héphaïstos (Vulcain) est capable de construire : les armes et les boucliers d'Achille et d'Héraclès par exemple.

---

2. *La Chanson de Roland*, dir. Jean Dufournet, Flammarion, 1993.
3. L'Arioste, *Roland furieux*, trad. Franscique Reynard, Folio, 2003.

Et Excalibur alors ? L'épée aurait été façonnée en Avalon, l'île disparue. Un autre parallèle avec Glace, construite en acier valyrien : Valyria n'est autre que la célèbre cité engloutie de *Game of Thrones*.

La recette pour obtenir cet acier fut perdue au moment du Fléau. C'est pourtant ce composé qui permet de lutter contre les Marcheurs Blancs. Tout comme le verredragon... De là à penser que l'acier valyrien est conçu à partir de verredragon, qu'on trouve à profusion à Peyredragon, il n'y a qu'un pas. Toute la question est de savoir comment les Enfants de la Forêt, qui ont créé le premier Marcheur blanc à partir de ce minéral naturel, auraient pu y avoir accès...

LE SAVIEZ-VOUS ?

Quand *Game of Thrones* décapite George W. Bush

La décapitation peut être drôle, au grand dam de Ned qui ne serait pas forcément du même avis ! Car sa tête rejoint celle d'un autre personnage déjà bien enfoncée sur le piquet : c'est celle de George W. Bush. À la fin de la saison 1, le visage de l'ancien président américain a été affublé d'une perruque avant d'être lui aussi exposé. La scène a causé une certaine polémique, poussant HBO à retirer la référence dans les DVD et, évidemment, à s'excuser bien platement.

UN PEU D'HISTOIRE

LA GUERRE DES CINQ ROIS A-T-ELLE VRAIMENT EU LIEU ?

La tête du bien-aimé Ned Stark plantée sur un piquet à l'entrée de Port-Réal a fait trembler plus d'un amateur de la saga. Cette image terrifiante est en fait loin d'être pure fiction. Elle rappelle tout particulièrement le sort qu'a connu Richard Plantagenêt à l'entrée d'York. Toute la différence avec le seigneur du Nord repose sur la chronologie et les prétentions de chacun au pouvoir. L'histoire des deux hommes se regarde comme un miroir inversé, et pourtant leur existence est intimement liée à un conflit qui anima profondément la Cour.

La guerre des Cinq Rois éclate à la suite de deux événements : le décès du roi Robert et l'assassinat de Ned Stark. Ce conflit, qui ébranle le royaume, met en scène cinq rois : Joffrey, mais aussi Stannis et Renly, qui revendiquent chacun le Trône de Fer, ainsi que Robb (Roi du Nord) et Balon Greyjoy (Roi des Îles de Fer) qui réclament l'indépendance.

Ce conflit majeur est en fait inspiré de la guerre des Deux-Roses, au xve siècle, déclenchée à la suite des prétentions au trône d'Angleterre de notre fameux Richard Plantagenêt. Cette guerre civile opposa la Maison d'York à la Maison Lancaster, se prévalant toutes deux héritières légitimes, jusqu'à l'accession au pouvoir d'Henri Tudor (Henri VII). Il parvint à réunir les deux Maisons en épousant Élisabeth d'York et fonda la dynastie Tudor. L'emblème qu'il choisit alors réunit ceux des deux maisons rivales : une rose blanche et une rose rouge.

Catelyn : « Je suis allée à un mariage et me suis réveillée en zombie : VDM »

Game of Thrones compte de nombreuses scènes emblématiques : la mort de Ned, la naissance des dragons, la Bataille des Bâtards ou encore la destruction du Grand Septuaire de Baelor par Cersei. Mais celle qui marqua le plus les amateurs de la saga reste le massacre des Noces Pourpres (*The Red Wedding*), qui acheva de décimer une partie des Stark, et tout particulièrement la bien-aimée Catelyn.

UN BANQUET SAIGNANT

Revenons en arrière. Catelyn accompagne son fils Robb, fraîchement honoré du titre de roi du Nord par ses bannerets. Ils marchent en direction de Port-Réal pour négocier la liberté de Ned, emprisonné par les Lannister, ainsi que celle de Sansa et d'Arya. Durant cette campagne, elle apprend la mort de son époux, décapité pour trahison ; pour le lecteur ou le spectateur, le décès du héros est improbable : si l'auteur efface Eddard de l'histoire, il peut désormais abattre son glaive sur n'importe quel personnage. Même Catelyn n'est plus à l'abri des foudres de George R. R. Martin.

En deuil de son cher et tendre, elle apprend le décès de deux de ses enfants, pendus par la main de Theon, pupille de feu son époux. Il ne lui reste plus, *a priori*, que ses deux filles qu'elle croit à Port-Réal (ce qui est à moitié vrai, mais Catelyn est loin du compte).

Elle observe la guerre des Cinq Rois avec une certaine défiance et un recul manifeste. Son petit loup Robb devient adulte ; la guerre est pour lui un rite d'initiation pour sortir de l'adolescence. C'est maintenant lui, le grand gaillard qui donne les ordres. C'est lui qu'on appelle roi du Nord. C'est lui qui détient un super gros chien terrifiant. Et c'est lui qui devra signer un accord au détriment de sa vie amoureuse : épouser une fille Frey. Mais Robb reste un ado et décide finalement d'épouser Jeyne Ouestrelin (par convenance dans les livres, par amour dans la série). Il déclenche ainsi les foudres de Walder.

Lorsque Robb a de nouveau besoin du soutien de ses bannerets du Nord, il signe un nouvel accord avec la Maison Frey : lord Edmure Tully, frère de Catelyn, s'unit à sa place à Roslin Frey, fille du roi. La scène des Noces Pourpres constitue le banquet de l'horreur où une mère voit son fils et ses bannerets assassinés.

Elle rappelle le repas de Thyeste, roi de Mycènes dans la mythologie grecque. L'homme était l'arrière-petit-fils de Tantale qui avait été maudit par les dieux pour s'être pensé meilleur (ou plus malin) qu'eux[4].

Thyeste couchait avec l'épouse de son frère jumeau Atrée et eut deux fils avec elle. Il la convainquit alors de

---

4. La malédiction de Tantale repose sur la même construction mythologique. L'homme, roi de Phrygie, était un enfant de Zeus. Il fit preuve de démesure à plusieurs reprises. L'une des scènes plus significatives, et qui fait un écho direct à l'histoire de Thyeste, est liée à une forme d'anthropophagie. Il découpa son fils Pélops pour le servir en banquet aux dieux. Ces derniers s'en aperçurent immédiatement. Seule Déméter, sœur de Zeus, avala un morceau d'épaule. Zeus ramena Pélops à la vie et remplaça son épaule par de l'ivoire. En guise de châtiment, Tantale fut envoyé aux Enfers pour l'éternité, où il subit un supplice : il erra sans pouvoir manger ni boire. Quand il s'approchait d'aliments et d'eau, les deux disparaissaient ou se transformaient en pierre.

voler la toison d'or qu'Atrée gardait en sa possession. Lorsque la trahison fut découverte par le cocufié, Thyeste partit se cacher en Épire. Son frère organisa une célébration en son honneur pour sceller leur réconciliation. Ils se retrouvèrent, ravis, et passèrent finalement à table. Ce que le traître ne savait pas, c'est qu'Atrée avait fait découper les fils de son frère en morceaux avant de les enfourner et les présenter au banquet. Après les avoir mangés, l'homme esseulé fut fou de rage. Il lança alors une malédiction sur son jumeau et sa descendance : c'est cette même malédiction qui reposa ensuite sur l'entière lignée des Atrides (Agamemnon et Ménélas, Iphigénie et Électre...)[5].

Pour les Grecs, le banquet revêtait une importance capitale; masculin, il représentait un espace de sociabilité autant qu'un marqueur social et identitaire très codifié. C'est ce qui explique la violence de ce mythe : en trahissant Thyeste dans un moment de partage, Atrée brisa le lien d'humanité qui subsistait entre les deux hommes. Pire encore, il alla à l'encontre du rite d'hospitalité.

Dans les cités, l'hospitalité était en effet convenue de fait. N'importe quel foyer se devait d'accueillir chaleureusement tout étranger venu frapper à sa porte. S'il se dérobait, il risquait d'encourir la colère des dieux.

George R. R. Martin a intégré dans son œuvre des lois de l'hospitalité, une tradition remontant aux Premiers Hommes. Comme chez les Grecs, les anciens dieux sont garants du protocole et celui qui s'y refuse est automatiquement maudit. Il existe différentes manières de se montrer en bon hôte; une des façons de le faire est d'accueillir le voyageur avec du pain et du sel. C'est exactement ce rite que Catelyn

5. Apollodore, *op. cit.*

impose à la Maison Frey à son arrivée. Lord Walder va ainsi à l'encontre de cette coutume ancrée dans le peuple du Nord et des croyances qui y sont associées.

La religion nordique considérait également le banquet comme un rite social. On y partageait la viande et on buvait en l'honneur des dieux et des ancêtres. Bien que l'hospitalité ait aussi un sens fort chez ces peuples, les représentations sont abordées de manière un peu différente que chez les ancêtres grecs. Il suffit de lire l'histoire du vol du marteau de Thor[6]. Nommé Mjöllnir, c'était l'arme la plus puissante du monde, construite par les nains.

Thor affectionnait particulièrement cet objet miraculeux capable de détruire n'importe quoi sans une seule égratignure. Mais le marteau attirait la convoitise et, un matin, le dieu s'éveilla sans son bien. «C'est le roi géant Thrymr qui s'en est emparé, assura Loki, et il ne le rendra qu'en échange de la main de la déesse Freyja!»

Les dieux se révélèrent plus malins. Réunis en assemblée, ils décidèrent de travestir Thor en Freyja malgré ses réticences et l'envoyèrent dans le Jötunheim accompagné de Loki. Le géant, ravi de pouvoir s'unir avec la déesse, les attendit avec un somptueux banquet. Mais la nature brutale de Thor revint au galop : le dieu, avec un appétit d'ogre, se jeta sur la nourriture et, quand Thrymr essaya de l'embrasser, il vit le feu dans les yeux de son ennemi. Loki intervint pour calmer la situation, prétextant que Freyja n'avait pas mangé depuis plusieurs jours, trop excitée à l'idée de trouver son futur époux. Rassuré, Thrymr alla chercher le marteau pour consacrer le mariage et le posa sur les genoux de sa tendre. C'est alors que Thor, se défaisant de son déguisement, se saisit de l'arme et massacra le roi et tous les

6. Snorri Sturluson, *op. cit.*

géants présents dans la maison. Le bain de sang terminé, il retourna tranquillement à Asgard.

LADY CŒURDEPIERRE

La scène des Noces Pourpres constitue un moment-clé de l'intrigue de *Game of Thrones* qui réduit à néant les figures d'autorité chez les Stark. Elle cristallise en outre, une bonne fois pour toutes, les tensions entre les deux parties du royaume, pro-Lannister et anti-Lannister. À cette occasion, on découvre que la famille du roi et l'ensemble de ses bannerets ne posent pas de limite à l'humiliation ; la tête du loup de Robb, Vent Gris, est cousue sur le cou de son maître. Le corps de Catelyn est quant à lui jeté dans la rivière.

La suite de l'histoire n'est connue que des amateurs des livres qui ont attendu, frustrés, que les scénaristes l'intègrent dans la série. Le corps sans vie de l'épouse de feu Ned est repêché par Nymeria, le loup d'Arya, puis découvert par le groupe formé par Béric Dondarrion, ressuscité plusieurs fois par Thoros de Myr. Son cadavre est en piteux état ; son visage est en lambeaux, elle a les cordes vocales tranchées, le cou troué, les cheveux secs et épars, et sa peau s'est flétrie. Devant l'état manifeste de sa putréfaction, Thoros refuse de lui redonner la vie. C'est Béric lui-même qui offre la sienne en échange de celle de Catelyn.

Elle revient d'entre les morts sous le nom de Lady Cœurdepierre, bien décidée à se venger des Frey en prenant la tête de la Fraternité sans Bannière. Catelyn est devenue folle et ne ressent plus de compassion. Elle ordonne même la pendaison de Brienne pour s'être liée avec les Lannister. Elle n'est, en fin de compte, qu'un corps animé, terrifiant, qui a perdu toute humanité. C'est la définition du zombie, qui n'existe que pour semer le malheur.

Mais au fait, ça vient d'où le zombie?

Chez les Grecs, le rapport à l'au-delà était très codifié. On pensait en effet qu'il fallait une belle mort ainsi qu'une obole pour avoir le droit de passage auprès de Charon vers les Enfers. C'était un endroit terrifiant, sous terre, dirigé par Hadès et son épouse Perséphone. Cet espace gardé par Cerbère était craint des Hommes. Pourtant quelques héros de la mythologie y firent une courte halte avant de revenir parmi les vivants, Thésée et Héraclès notamment. Mais c'est l'histoire d'Orphée qui est la plus significative[7].

C'était un grand musicien et poète; il avait le pouvoir de charmer les hommes, les dieux, les animaux, les arbres et les rochers. Il était très amoureux de son épouse Eurydice avec laquelle il vivait heureux. Mais un beau jour, la jeune femme se fit pourchasser par Aristée, dieu de l'agriculture, qui souhaitait la séduire. Elle marcha accidentellement sur un serpent et mourut peu après du poison de son venin. Orphée ne parvenait pas à accepter la fatalité et se rendit aux Enfers pour en ramener son épouse. Il charma tout le monde : Charon, Cerbère, les Juges des morts ainsi qu'Hadès et Perséphone. Il obtint l'autorisation de retourner dans le monde des vivants avec Eurydice, à une seule condition : il ne devrait jamais se retourner sur son épouse et ce, jusqu'au moment de retrouver la lumière du soleil. Mais alors qu'ils sortaient tous deux des Enfers, il jeta un œil derrière lui, n'entendant pas un bruit et se méfiant d'Hadès. Eurydice disparut pour toujours.

Les mythes anciens ont façonné un imaginaire très riche de la mort, des Enfers, des esprits et des revenants. La mythologie grecque a mis en scènes les *kères*, filles de

7. Ovide, *Les Métamorphoses*, Belles Lettres, trad. Olivier Sers, 2019.

Thanatos (personnification de la mort) ou de Nyx (déesse de la nuit) selon les versions. Elles étaient des divinités du malheur et de la destruction, aux ongles longs et aux grincements effroyables. Vêtues d'un long manteau teinté du sang de leur victime, elles se promenaient sur les champs de bataille pour sucer le sang des mourants et les envoyer aux Enfers. Plus tard, elles furent associées aux Moires et aux Érinyes, divinités de la destruction.

Les Romains croyaient, eux, aux lémures, esprits malfaisants d'hommes morts de façon brutale ou tragique.

Dans l'Occident médiéval, ces croyances païennes se sont confrontées à la foi catholique qui délimitait plus clairement le monde des vivants de celui des morts. Les fantômes ont alors fait leur apparition ; ils se mirent à hanter les légendes. Dans le folklore écossais, on trouve notamment les *glaistigs*, ou Dames vertes. Ces esprits étaient tantôt vengeurs, tantôt protecteurs ; la Dame de Skipness, par exemple, protégeait le château où vivait sa famille contre les attaquants... Une véritable Lady Coeurdepierre, le sang en moins.

UN PEU D'HISTOIRE

THE RED WEDDING, MIROIR DE L'HISTOIRE

Et si les Noces Pourpres avaient réellement eu lieu ? Pour imaginer cette scène, George R. R. Martin s'est en fait inspiré de deux faits historiques sanglants. Le premier est le Dîner noir, qui se déroula au milieu du xve siècle. Il mit en scène William Crichton, futur Lord Chancelier de la Couronne d'Écosse, et le tout jeune roi Jacques II, alors âgé de 10 ans.

Le régent, Archibald Douglas, partageait le pouvoir avec la reine mère Jeanne Beaufort. Mais Crichton envisagea les choses autrement. À la mort de Douglas, il vit une occasion en or de prendre la Couronne, d'autant qu'entre-temps la reine s'était remariée et ne pouvait donc plus prétendre à quoi que ce soit.

Il organisa alors un beau repas au château d'Édimbourg pour les deux fils de Douglas, dont l'aîné était âgé de 16 ans. L'objectif officiel de cette sauterie était de sceller les liens forts entre les différents membres associés à la royauté. Mais le dîner tourna mal : la légende raconte que, après le festin, Crichton fit apporter aux deux jeunes hommes une tête de taureau noir qu'il fit déposer sur la table. Ce qui ne sentait pas très bon, dans tous les sens du terme. Dans le château, on entendit alors les tambours. Puis les deux fils de Douglas furent assassinés, malgré les protestations du roi.

Les Noces Pourpres s'inspirent également du Massacre de Glencoe, en 1692. Trois ans plus tôt, Guillaume d'Orange devint roi d'Angleterre, d'Écosse et d'Irlande suite à la Glorieuse Révolution. Il offrit son pardon aux différents clans qui participèrent aux soulèvements jacobites. Une seule condition : prêter allégeance au roi. Mais le clan des McDonald de Glencoe arriva tardivement, mettant Guillaume d'Orange dans une furieuse colère. Il fallait venger l'honneur de la Cour. Et c'est ce qu'il fit.

Début 1692, les McDonald accueillirent 120 hommes du régiment d'infanterie du comte d'Argyll dans les règles de l'hospitalité. Officiellement, le groupe venait récolter de nouveaux impôts. Ils étaient en fait envoyés par les conseillers du roi. Après quelques paisibles semaines, un beau matin, les soldats s'abattirent sur leurs hôtes : 38 hommes furent assassinés et 40 femmes et enfants moururent de froid après l'incendie de leur maison.

Les 3 règles de Cersei : famille, pouvoir, sadisme

«*Power is power*», assure-t-elle, imperturbable, à Lord Baelish qui la menace. Et pour cause. S'il y a bien un personnage qui se délecte du pouvoir, ce n'est autre que l'épouse du roi Usurpateur, devenue tour à tour régente puis reine des Sept Couronnes : «Lorsqu'on s'amuse au jeu des trônes, il faut vaincre ou périr, il n'y a pas de moyen terme», explique-t-elle posément à Ned.

Son personnage réunit à lui seul cinq des Péchés Capitaux : la luxure, l'orgueil, la colère, l'acédie[8] et l'envie. Il est dangereux, machiavélique, sournois; Cersei est une caricature du *vilain* et, en tant que telle, triomphe quand même un bon paquet de fois. Elle est l'un des moteurs de la saga car ses actions rythment la trame narrative jusqu'à l'implosion — la magistrale destruction du Grand Septuaire de Baelor. Elle est également celle qui maîtrise l'emploi du poison, «l'arme des femmes», tout comme la magicienne Circé, à qui le nom fait directement écho.

CERSEI LA SORCIÈRE

Circé tint un rôle fondamental dans l'*Odyssée*[9]. Elle était la fille d'Hélios (le Soleil) et de Perséis, l'une des trois Océanides. De par sa lignée, elle aurait dû être considérée

8. Paresse à l'excès, proche de la mélancolie.
9. Homère, *Odyssée*, *op. cit.*

comme une divinité mais Zeus lui refusa l'ambroisie, le breuvage des dieux qui rend immortel. Elle évolua donc dans le monde des Hommes, munie de pouvoirs et d'une baguette magique. Avant d'émigrer sur l'île d'Ééa, où elle sembla avoir passé la plus grande partie de sa vie, elle fut l'épouse d'un roi légendaire des Sarmates, peuple nomade descendant des Scythes. Elle connaissait l'art des philtres et poisons et tua son mari en testant sur lui l'un de ses mélanges. Elle fut alors chassée par les Sarmates et s'exila sur la mer.

D'une grande beauté, elle fut courtisée à plusieurs reprises, mais elle tomba follement amoureuse d'Ulysse, alors sur le retour pour Ithaque.

Le marin débarqua sur l'île et envoya une vingtaine de ses compagnons devant lui. Mais Circé, qui avait prédit ce moment, les changea tous en cochons. Un seul parvint à s'échapper pour prévenir son chef. Le courageux Ulysse prit la direction de la maison de la magicienne. Sur le chemin, Hermès, dieu messager, lui conseilla de consommer une plante magique, le *moly*. Cette herbe était capable de contrer les sorts de la sorcière.

Il entra dans la maison et fut accueilli par Circé elle-même qui lui proposa une boisson de bienvenue. Il s'agissait en fait d'un philtre capable de le transformer lui aussi en cochon. Le guerrier jeta discrètement le *moly* dans sa coupe, but le breuvage et sortit son épée pour menacer la magicienne. La femme se soumit immédiatement. Elle promit d'inverser le sort de ses compagnons et de ne jamais essayer d'attenter à leur vie. En échange, Ulysse partagea sa couche ; leur aventure amoureuse dura un an, avant que le héros de Troie ne reparte vers Pénélope.

CERSEI LA REINE

Tout comme Circé, Cersei est une femme de pouvoir, capable de beaucoup pour obtenir ce qu'elle désire : régner et venger ses enfants. En ce sens, elle rappelle Aspasie, elle-même devenue légendaire. Elle était l'hétaïre (courtisane) ou l'épouse de Périclès, célèbre chef d'armée et orateur de la Grèce classique. Elle tint un rôle politique fondamental à ses côtés et s'affirma comme une figure intellectuelle athénienne centrale.

La présence féminine dans l'univers politique reste néanmoins très mesurée dans les mythes et souvent associée à l'imaginaire oriental. Omphale, par exemple, était reine de Libye[10] ; elle mit Héraclès en servitude, lui imposant plusieurs Travaux, dont tuer un gigantesque serpent. Elle l'épousa ensuite. Cette histoire joue sur la symbolique des genres. Le héros viril, devenu esclave, est sous les ordres d'une femme de pouvoir. Tout comme Cersei impose ses volontés à la quasi totalité des hommes qui l'entourent, Jaime compris.

Didon (ou Élissa), elle, fonda Carthage puis gouverna la cité, après avoir fui la Phénicie. Elle la fit prospérer, attirant sur elle les convoitises. Le roi de Lybie Iarbas exigea sa main, sans quoi son armée attaquerait son peuple. Didon préféra se poignarder puis se jeter au feu.

Une autre version raconte qu'elle tomba amoureuse d'Énée qui fit escale sur la côte africaine à l'issue de la guerre de Troie. Mais leur idylle fut arrêtée par les dieux de l'Olympe : Énée devait fonder une cité, tel était son destin. Incapable de supporter cette absence, elle mit fin à ses jours à l'aide d'une épée[11].

---

10. Apollodore, *op. cit.*
11. Voir notamment Virgile, *L'Énéide*, trad. Olivier Sers, Les Belles Lettres, 2015.

Le suicide témoigne lui aussi d'une force psychologique manifeste. Comment ne pas penser à Cersei qui, plutôt que de se soumettre à Stannis, manque de mettre fin à ses jours et ceux de Tommen avec du poison ?

CERSEI L'EMPOISONNEUSE

La mort gravite autour de Cersei, telle une bête qui rôde avant de planter ses crocs dans sa victime. Sa particularité, c'est qu'elle ne porte jamais le coup. Elle ira même jusqu'à créer son propre Frankenstein destructeur à partir du corps de Gregor Clegane alias la Montagne.

Durant le règne des Baratheon, elle tue ou participe à l'assassinat de son époux Robert, de deux Mains du roi, d'une reine (Margaery), de nombreux religieux dont le Grand Septon, et d'une partie de la cour. Parmi d'autres.

« La connaissance, c'est le pouvoir », assurent Varys et Littlefinger. Pour Cersei, « le pouvoir, c'est le pouvoir ». Et quand on l'a, nous dit-elle en sourdine, on peut tout faire, ou presque. Son arme, c'est le poison, une méthode connue depuis la Préhistoire et employée jusqu'à aujourd'hui. Mythes et légendes en sont gorgés. Mais une figure féminine se détache tout particulièrement : c'est Médée[12].

Elle était magicienne, tout comme sa tante Circé. Son histoire fut complexe, semée d'embûches. Elle tomba amoureuse de Jason, venu chez son père Éétès en Colchide prendre la Toison d'or. Elle l'aida à affronter deux gigantesques taureaux en lui offrant un onguent d'invulnérabilité. Pour soutenir celui qu'elle aimait dans sa fuite avec les

12. Euripide, *Médée*, trad. Myrto Gondicas et Pierre Judet de la Combe, Les Belles Lettres, 2012.

Argonautes, elle tua son propre frère et le découpa en morceaux qu'elle dissémina : les poursuivants durent s'arrêter devant chaque partie de chair pour l'enterrer dignement.

À la demande de Jason qui souhaitait se venger de l'assassin de son père, elle fit tuer le roi Pélias par ses propres filles en usant d'un subterfuge, puis s'exila avec son amant à Corinthe. C'est là, après quelques temps, que le héros la répudia pour épouser Créuse, fille du roi Créon. Médée devint folle de rage, brûla la jeune femme à l'aide d'une tunique magique ainsi que son père et les enfants qu'elle eut avec Jason.

Elle fuit alors vers Athènes et y épousa Égée. De cette union naquit Thésée qu'elle tenta d'empoisonner, sans succès. Elle vola une partie du trésor d'Athènes et s'enfuit sur un char de flammes en direction de la Colchide. Arrivée dans son pays natal, elle tua son oncle Persès et rendit le pouvoir à son père Éétès. Une véritable Cersei de l'Antiquité.

UN PEU D'HISTOIRE

QUAND L'HISTOIRE DÉPASSE LA FICTION

Le poison a depuis toujours été une source de fascination pour l'Homme. La réalité n'est pas forcément moins sombre. Aux XVIIe-XVIIIe siècles, Giulia Tofana est ainsi devenue une véritable légende. Elle produisait de l'Acqua Tofana, un mélange à base d'arsenic qu'elle fournissait aux femmes qui souhaitaient se débarrasser de leur époux. Elle aurait ainsi aidé à tuer 600 hommes. Mozart aurait pu en faire partie, selon certains historiens.

Mais elle est loin d'être la seule à avoir pratiqué l'art de l'empoisonnement. Les Borgia étaient passés maîtres, parmi d'autres. Et le décès de Joffrey lui-même est inspiré de l'histoire d'Eustache IV de Boulogne au XIIe siècle. Le jeune homme serait mort d'étouffement lors d'un buffet, mettant ainsi un terme à la guerre de succession pour le trône d'Angleterre. Henry Plantagenêt monta alors sur le trône. Simple concours de circonstance ou empoisonnement ?

LE SAVIEZ-VOUS ?

La marche de la honte de Cersei : *true story* ?

La scène de la pénitence de Cersei a été très compliquée à tourner : on y voit la mère du roi, entièrement nue et tête rasée, traverser Port-Réal pour rejoindre le Donjon Rouge en subissant sur le chemin coups, crachats et insultes infligés par le peuple. Filmée à Dubrovnik en Croatie durant trois jours, il a été difficile de trouver un lieu de tournage adéquat, les *showrunners* faisant face à une farouche opposition de l'Église.

Ce que l'on sait moins, c'est que Lena Headey, l'actrice de Cersei, a été doublée pour cette scène, non par pudeur mais parce qu'elle était enceinte. Sa tête a ensuite été ajoutée sur le corps de la doublure.

Cette marche de la honte, psychologiquement insupportable, physiquement difficile et déshonorante, était pratiquée au Moyen Âge sur les prostituées et les femmes adultères. Jane Shore, courtisane privilégiée d'Édouard IV au XVe siècle, dut expier sa conduite immorale en marchant le long de Paul's Cross à Londres. Elle était simplement vêtue d'une robe de bure, pieds nus, et tenait un cierge à la main.

Cette pratique ne fut pas réservée qu'aux femmes ; la pénitence de Canossa le prouve. Au XIe siècle, le pape Grégoire VII excommunia Henri IV du Saint-Empire pour l'avoir déchu lors de la Diète de Worms. Mais pour garder l'ascendant sur ses seigneurs vassaux et ne pas risquer d'être lui-même destitué, le roi dut absolument lever cette peine. En plein hiver, accompagné de son épouse et ses enfants, il traversa alors les Alpes pour rejoindre la ville de Canossa où séjournait le pape. Selon la légende, il attendit ensuite trois jours en chemise de bure, les pieds dans la neige, avant que le Père de l'Église ne lui ouvre les portes de la cité et n'accepte de lever l'excommunication.

Mélisandre aux multiples visages

S'il y un personnage qui n'échappe pas à la caricature, c'est bien Mélisandre d'Asshaï. Elle est l'incarnation de la sorcière maléfique, du dévot ahuri porteur d'une secte mystérieuse, glauque, où l'on sacrifie même des enfants *pour le bien*. Cette figure est pourtant loin d'être aussi simple. Profondément humaine, elle est complètement ébranlée quand elle comprend qu'elle a mené Stannis, sa famille et son armée vers une mort attendue. Elle ressuscite Jon sans savoir réellement comment. «Je n'ai pas ce pouvoir», se tue-t-elle à expliquer avant de commettre le miracle. Et pourtant, ça marche. Un coup jeune, un coup vieille, elle reste un mystère complet qui ne trouve pas de réelle explication du côté d'Essos ni dans l'extrême Nord où elle apparaît décalée, pas vraiment à sa place. Qui est-elle, au fond ?

LE SYMBOLE DU FEU

La religion de R'hllor oppose deux divinités, l'une de feu et l'autre de glace ; la première est positive, la seconde négative. C'est une relecture des religions zoroastrienne et mazdéenne, pratiquées depuis l'époque de l'ancienne Perse. Les fidèles croyaient en la résurrection, opposaient le monde de la lumière à celui des ténèbres et, surtout, plaçaient le feu comme symbole central. Les Hommes pensaient que cet élément était en effet l'enfant d'Ahura Mazda, le dieu suprême, lui-même représenté sous la forme d'un soleil.

Pourquoi le feu est-il essentiel pour Mélisandre ? Il lui apporte les prophéties, certes, mais ce n'est pas l'unique raison. S'il est le symbole fondamental par excellence, c'est parce qu'il est un élément purificateur, comme l'est l'eau pour les Fer-nés. Cette croyance est ancrée dans les sociétés depuis très longtemps et associée à la création de l'humanité. Après tout, le Titan Prométhée vola le feu à Zeus pour l'offrir aux Hommes après les avoir façonnés à partir de terre et d'eau.

Le mythe du phénix, lui aussi, lie le thème du feu à celui de la vie. Selon la légende, cet oiseau fabuleux était capable de se consumer dans les flammes puis de renaître de ses cendres. Il existe au moins depuis l'Égypte ancienne et fut repris par les Grecs qui y voyaient un animal réel. Mais ce n'est que durant l'époque romaine qu'il fut associé au feu. Dans ses *Métamorphoses*[13], Ovide expliquait son cycle de vie : au bout de cinq siècles, quand il sent la fin approcher, l'oiseau se construit un nid de plantes odorantes. Il s'y installe et se laisse mourir. De son corps naît un nouvel oiseau et le cycle peut ainsi recommencer.

Au début du Moyen Âge, influencés par l'imaginaire religieux et la réincarnation du Christ, les Hommes se mirent à croire plus clairement à son pouvoir de résurrection par le feu. Il devint un symbole d'immortalité adoré par les Pères de l'Église.

À travers Mélisandre et sa dévotion poussée au feu, élément fondamental, George R. R. Martin fait appel à ces croyances, intrinsèques à une grande majorité de civilisations, et développe une nouvelle foi aux pratiques extrêmes, terrifiantes.

13. Ovide, *op. cit.*

SACRIFICE ET SORCELLERIE

Car le plus effrayant, dans le culte de R'hllor, est le rapport au sacrifice, indispensable dans la quête du trône, affirme Mélisandre. Sont ainsi brûlés, parmi d'autres : les femmes et les hommes de Stannis qui se détournent du Maître de la Lumière, mais aussi le roi d'au-delà du Mur et Shôren, la fille de Stannis. C'est sans compter l'assassinat de Renly par le spectre dont accouche la prêtresse et la tentative de meurtre de Gendry, qui parvient finalement à s'échapper.

Le bûcher s'inspire de nombreuses pratiques et croyances associées à des religions païennes ou au satanisme au Moyen Âge. La légende de Moloch, dieu de Canaan (terre promise aux Hébreux selon la Bible) raconte que femmes et hommes sacrifiaient leurs nouveaux-nés à cette divinité des morts. Et, surtout, il y a les légendes des sorcières, étroitement liées à l'Inquisition, et dont les chasses furent particulièrement virulentes entre le XVe et le XVIIe siècles. Toute la différence étant que, dans *Game of Thrones*, c'est la sorcière qui brûle ceux qui se détournent de sa religion.

Mélisandre s'apparente à certaines figures de la sorcellerie telles qu'elles ont été décrites dans *Le Marteau des Sorcières*[14]. Cet ouvrage, rédigé au XVe siècle par deux dominicains, eut un écho retentissant sur l'Occident médiéval, appuyant la légitimité de l'Inquisition. Il dressait un portrait lambda de la sorcière : une femme pervertie par Satan, en lien avec les morts. Circé, la magicienne de l'*Odyssée*, entre rétrospectivement dans cette catégorie. Et puis il y a la sorcière d'Endor. Comme Mélisandre quand elle ôte son collier,

---

14. Henry Institoris, Jacques Sprenger, *Le Marteau des Sorcières : Malleus Maleficarum* (trad. Amand Danet), Jérôme Million, 2005.

elle était représentée très vieille, le visage tombant, la peau flétrie. Son talisman lui permettait de communiquer avec les morts; celui de la prophétesse semble repousser la mort.

Son histoire est contée dans la Bible hébraïque[15]. Saül, premier roi des Israélites, fit appel à ses prophéties : allait-il vaincre les Philistins postés sur le mont Guilboa? Il se rendit à Endor et se travestit pour ne pas être reconnu. Mais, quand la femme comprit la supercherie, elle hurla de peur; elle savait que Saül avait fait exécuter un grand nombre de sorciers. Le roi la rassura et elle accepta finalement d'appeler l'esprit du prophète Samuel. Il annonça la fin proche de la dynastie. Le lendemain, Saül mourut au combat.

Mélisandre, une sorcière? Oui, et sa descendance le montre. Elle est capable d'engendrer des Ombres, des créatures mystiques associées aux esprits. Pour les créer, elle couche avec Stannis afin, explique-t-elle, d'utiliser ses «feux vitaux». Le premier monstre tue Renly, le second son banneret Cortnay Penrose. Rappelons que les ombres sont également invoquées par la magie noire de Mirriz Maz Duur lors de ses incantations pour sauver Drogo.

LA PROPHÉTESSE

Toute la légitimité que prétend porter Mélisandre repose sur sa capacité à lire les signes pour les interpréter. Elle pense que R'hllor communique avec elle pour lui désigner le futur héros qui serait la réincarnation du légendaire Azor Ahai, Stannis puis Jon, et pourquoi pas Daenerys. Son rôle est celui d'un messager, le Héraut tel qu'il était perçu en Grèce. Il avait un rôle de passeur et une voix forte permet-

15. *Bible hébraïque, Premier Livre de Samuel*, VIe-Ve siècle av. J.-C.

tant de se faire entendre. Le plus important n'est autre qu'Hermès (Mercure), héraut des dieux de l'Olympe, muni de ses *talaria* — des chaussures ailées qui lui permettaient de parcourir le monde très rapidement.

Mélisandre tient un rôle comparable quoi que plus mystique. Elle transmet les messages de R'hllor, lit dans le feu et pousse ses disciples à y interpréter les signes — tout comme Thoros de Myr le fait avec le Limier, pourtant complètement athée. Elle perçoit des choses de l'avenir, d'autres du passé. C'est ainsi qu'elle surprend Jon en lui soufflant la même phrase qu'Ygritte lui a assénée des mois durant : « You know nothing, Jon Snow. »

Elle est comparable aux célèbres prophétesses antiques telle la Pythie de Delphes qui délivrait aux hommes les oracles, messages des dieux. Elle rappelle aussi Cassandre, fille de Priam, roi de Troie. La jeune femme reçut ses dons d'Apollon à qui elle se promit, en échange de l'apprentissage de la divination. Elle repoussa finalement ses avances et le dieu, en colère, lança sur elle une terrible malédiction : elle pourrait lire l'avenir mais personne ne croirait en ses prophéties.

C'est ainsi qu'elle annonça l'enlèvement d'Hélène par Pâris, mais ne put empêcher la guerre de Troie. Elle avertit également du subterfuge du cheval de Troie mais ne parvint à persuader personne de la tactique des Achéens. Elle observa ainsi son fiancé se faire tuer sur le champ de bataille, avant d'être violée contre la statue d'Athéna.

Si le sort de Mélisandre n'est pas si tragique, il est au moins comparable. Lorsque Stannis meurt, ce sont toutes ses croyances qui sont remises à plat. La sorcière rouge a-t-elle menti ? A-t-elle mal interprété les signes ? Tous ces sacrifices ont donc été perpétrés pour rien ? Seule la résurrection de Jon lui redonne une légitimité, certes fragile, mais bien plus réelle.

Les barbares se ramassent à la pelle

Parmi les super-vilains qu'a imaginés George R. R. Martin, les Lannister sont passés maîtres dans l'art de l'horreur. Il suffit de constater toute la violence de Cersei quand elle fait partir en fumée le Grand Septuaire de Baelor et toute l'assemblée qui s'y trouve, la reine Margaery comprise. Mais les Lannister ont ce quelque chose de plus qui les différencient des personnages juste méchants : ils sont nobles, bien éduqués et élitistes. Leurs personnages sont façonnés en opposition à l'image du barbare dont les Dothraki et les Sauvageons sont les meilleurs exemples.

Mais au fait, un barbare, c'est quoi ?

BARBARES D'HIER ET D'AUJOURD'HUI

Le mythe du barbare est étroitement lié à l'histoire occidentale, depuis l'Antiquité. Pour les Grecs, le terme caractérisait toute personne étrangère à leur civilisation, qui ne parlait pas leur langue. Pour les Romains, il s'agissait des Hommes qui se trouvaient en dehors de l'Empire et sur lesquels ils ne pouvaient régner. Peu à peu, le mot prit une connotation négative pour signifier les peuples non civilisés et violents.

Ces représentations trouvent un écho dans les mythes et le folklore de plusieurs cultures successives. Aussi les barbares tenaient-ils, chez les Grecs, le rôle de l'ennemi en puissance, potentiellement monstrueux. On pensait par exemple que les Scythes, peuple indo-européen iranophone bien connu des Anciens, avaient comme roi-héros Scythès, un personnage terrifiant qui était né de l'union d'Héraclès et d'Échidna, elle-même mi-femme mi-serpent.

La figure du barbare telle qu'on l'entend aujourd'hui s'est façonnée à peu près au moment des invasions germaniques qui ébranlèrent l'Europe centrale. Ces caractères stéréotypés ont nourri le folklore autour de la figure du Viking. On retrouve aisément ce type de personnage chez les chroniqueurs du Moyen Âge. Au IXe siècle, la *Chronique anglo-saxonne*[16], compilation d'annales relatant l'histoire du royaume, évoque Ragnar, un héros semi-légendaire, pilleur et violent. Il aurait jeté aux serpents le roi de Northumbrie. La tradition en ferait un descendant du dieu Odin.

Au XIe siècle en France, Dudon de Saint-Quentin rédigea, lui, une histoire des Normands en prenant comme point d'origine l'expédition du Viking Hasting[17]. Il le décrivit comme la caricature parfaite de l'homme primitif, cruel et sanguinaire.

L'Église, par la plume des moines, associa ce peuple à Satan et développa des personnages radicalement déconnectés du réel, pourvu qu'ils soient en franche opposition avec les bonnes mœurs chrétiennes.

LES CENTAURES

Cet imaginaire a directement inspiré la figure lambda du Dothraki, que les Lannister décrivent comme des hordes de sauvages violeurs. Extraordinaires combattants, ils rappellent en fait certaines divinités nordiques, notamment Odin, dieu

16. *Chronique anglo-saxone*, trad. J. A. Giles et J. Ingram, 1996.
17. Dudon de Saint-Quentin, *De moribus et actis primorum Normanniae ducum*, XIe siècle.

de la mort et de la victoire, et Thor, dieu du tonnerre armé de son marteau.

Le physique de ce peuple d'Essos est lui aussi calqué sur les corps musculeux des guerriers scandinaves, cheveux longs et barbe fournie. Mais les inspirations vont plus loin ; le rapport presque fusionnel aux chevaux rappelle la figure du Centaure dans les légendes gréco-romaines. Cette créature mi-homme mi-cheval fit de nombreuses apparitions dans la mythologie. Chiron, doté d'une grande sagesse, est le plus connu mais il fait figure d'exception : les Centaures étaient réputés sauvages et violents. L'un des épisodes les plus connus n'est autre que la Centauromachie. Le peuple fut invité par leurs voisins les Lapithes à participer à un banquet de mariage. Mais un groupe de Centaures, complètement ivre, tenta de violer la jeune épouse et d'autres femmes. Ce fut le point de départ d'une grande bataille et le début de la dispersion de ces hommes-animaux.

SEXE ET VIOLENCE

Dans *Game of Thrones*, la sexualité est brutale. Les mâles Dothraki pillent les villes et violent les esclaves. Le rapport entre le Khal et Daenerys est lui aussi particulièrement complexe car illustre une confrontation culturelle radicale : dans la série, la jeune femme est elle aussi abusée par Drogo qui n'y voit qu'une pratique logique de l'institution du mariage.

Si cette violence intrinsèque au rapport amoureux est assumée chez le peuple d'Essos, il l'est moins du côté de Westeros et pourtant farouchement présent. La caricature médiévale, source d'inspiration première à la sexualité des Sept Couronnes, invite à replacer les personnages féminins dans une relation de soumission imposée et (la plupart du temps) involontaire. Cersei est une femme de pouvoir ; cela ne l'empêche pas, dans la série, de se faire violer par son frère et amant et, pire encore, au pied de l'autel sur lequel repose le cadavre de leur fils. Brienne, pourtant furieuse guerrière, manque de se faire abuser par les hommes de Roose Bolton. Et c'est sans compter Sansa qui subit le sadisme de Ramsay.

Ces représentations très crues de l'érotisme s'intègrent dans un rapport plus global à la violence et au sang qui définit une certaine normalisation du lien humain. Ramsay, là encore, en est le maître, suivi de près par Joffrey, interrompu dans sa découverte exaltée du sadisme. On voit des gens épluchés comme on le ferait d'une pomme de terre, des prostituées torturées à l'aide d'une arbalète, des chasses à l'homme sanglantes...

Ces scènes font un lien direct à l'Histoire et aux représentations fantasmées que les hommes en avaient depuis l'Antiquité. La mythologie gréco-romaine en est particulièrement fournie : guerres, sang et sexe occupent une belle place dans les narrations des Anciens. Et les personnages féminins, particulièrement quand ils sont mortels, en sont les victimes les plus fréquentes.

Apémosyne, par exemple, en fit les frais[18]. Elle était la fille de Catrée, roi de Crète, et la petite fille de Minos. Hermès tomba amoureux d'elle mais la jeune femme, se refusant au dieu, se mit à le fuir pour ne pas tomber entre ses mains. Elle courait si vite que le héraut de l'Olympe ne parvenait pas à l'attraper — ironique, pour le dieu messager aux talons ailés ! Hermès mit alors en place un piège : il déposa au sol des peaux qui n'avait pas été tannées pour qu'Apémosyne glisse et tombe. Le dieu lui sauta dessus et la viola. Elle expliqua ensuite à son frère ce qui lui était arrivé mais ce dernier, pensant que le dieu n'était qu'une excuse, la tua d'un coup de pied.

18. Apollodore, *op. cit.*

EUROPE ET LES SABINES

Contrairement aux Dothraki, les gens du Peuple libre (alias les «Sauvageons») entretiennent une relation beaucoup plus saine à la sexualité. La parité femmes-hommes y semble plus manifeste que dans le reste du royaume, et la femme n'y est pas considérée comme un objet sexuel mais un guerrier potentiel. La violence se situe ailleurs, intégrée plus profondément dans la tradition. Le mariage, tout particulièrement, doit en principe faire l'objet d'un enlèvement pour être accepté. Cet enlèvement est ritualisé et le faux kidnappeur, qu'il s'agisse d'un homme ou d'une femme, doit faire preuve d'intelligence pour parvenir à ses fins. À l'issue de ce jeu, les futurs époux se marient par consentement mutuel. Mais le symbole de violence est là.

Ce rite rappelle l'enlèvement des Sabines, un épisode légendaire qui suivit la création de Rome[19]. Après la genèse de la cité par Romulus, il était indispensable d'enfanter pour la pérenniser. Mais les peuples voisins se méfiaient des Romains et personne n'acceptait de céder ses femmes pour les marier aux nouveaux habitants. Il fallait trouver un stratagème.

Durant les moissons, Rome organisa alors une grande fête en l'honneur de Consus, dieu champêtre. Des courses de chevaux y furent annoncées. Au moment de la célébration, Romulus envoya le signal à ses hommes : il s'enveloppa dans sa cape et lança l'assaut. Les Romains écartèrent les Sabins et capturèrent leurs filles pour les épouser. Cet épisode engendra une guerre entre les deux peuples, à l'issue de laquelle les deux rois se partagèrent la couronne.

19. Plutarque, *op. cit.*

Les enlèvements sont fréquents dans la mythologie et, le plus souvent, sont le fait des dieux. Europe, par exemple, subit les pulsions de Zeus qui la choisit comme compagne[20]. La princesse phénicienne cueillait tranquillement des fleurs avec ses suivantes quand le roi de l'Olympe l'aperçut. Il tomba immédiatement amoureux d'elle. Afin de se cacher d'Héra, il se transforma en un taureau blanc dont le front était décoré d'un disque d'argent et approcha les jeunes femmes. Il se fit dorloter par elles puis Europe, séduite, grimpa sur le dos du bovidé. Zeus prit immédiatement la fuite et l'emmena en Crète. Là, dissimulé aux yeux de son épouse, il fit l'amour avec elle.

Abandonnée par le dieu, Europe épousa Astérios, roi de Crète, qui reconnut ses enfants illégitimes : Crété, qui donna son nom à l'île, et Minos.

LA BONNE CHAIR... HUMAINE

Violeurs, kidnappeurs, assassins... La description du barbare fait peur à lire. Il faut ajouter une autre caractéristique qui soulève le cœur : le cannibalisme, pratiqué par les Thenns du Peuple libre (ou les clans de la rivière de glace dans les livres). Ils ont le crâne rasé et se scarifient ; ils sont tout simplement l'image romancée du skinhead. Un poil flippant. Et ils consomment de la viande humaine, celle de leurs ennemis.

L'anthropophagie fascine les Hommes depuis la nuit des temps ; c'est l'acte le plus rabaissant de la nature humaine, un symbole fort d'autodestruction. Mythes et légendes font ainsi état de monstres suceurs de sang parmi lesquels les

20. Apollodore, *op. cit.*

vampires ont toujours la cote. Mais les origines sont bien plus anciennes.

Ulysse lui-même, lors de son odyssée maritime, rencontra tout un peuple cannibale. Les Lestrygons étaient des géants qui avaient fondé une société civile organisée[21]. Le héros débarqua sur le littoral et envoya trois de ses compagnons en reconnaissance. Les hommes arrivèrent dans le palais ; Antiphatès se saisit de l'un d'eux et l'avala. Les autres tentèrent alors de s'échapper mais les Lestrygons lancèrent l'attaque, harponnant les marins. Ulysse parvint à s'enfuir en vitesse à bord d'un navire et poursuivit son chemin.

Le portrait du barbare est foncièrement négatif dans *Game of Thrones*. Et pourtant, tout n'est pas si noir. Le *sauvage* n'existe tout simplement pas. Dothrakis et Sauvageons ont tous deux construits des sociétés structurées, hiérarchisées de manière complexe, avec des mentors qui, s'ils ne sont pas des rois, ont une légitimité forgée sur le respect. C'est dans ce cadre que se développe une violence ritualisée qui s'intègre dans le fonctionnement de leur civilisation respective. Et, finalement, les véritables sauvages ne sont-ils pas tout simplement installés sur le trône ?

21. Homère, *Odyssée*, *op. cit.*

UN PEU D'HISTOIRE

GENGIS KHAN « DROGO »

Les Vikings constituent une source d'inspiration importante des Dothraki, mais ce n'est pas la seule. Les personnages de *Game of Thrones* présentent en fait les caractéristiques de nombreux peuples historiques, et tout particulièrement les Mongols. Plusieurs points les rapprochent : leur vie nomade et guerrière, mais aussi la construction sociale autour d'un *Khan*, c'est à dire un « roi dirigeant ». Khal Drogo n'est autre qu'une version fantasy de Gengis Khan. Cet homme était, au début du XIIIe siècle, le fondateur et l'Empereur de la Mongolie, un personnage charismatique et respecté par ses pairs tout comme l'est Drogo. Son « empire des steppes », qui s'étendit sur plus de 33 millions de km^2, rappelle l'immensité de la mer Dothrak. Tous deux partagent également un physique fantasmé, un corps grand, particulièrement musclé et sec.

L'immense différence entre les deux hommes repose sur la politique : Gengis Khan a uni les peuples nomades mongols et développé un ensemble de lois, la Yassa, qui servit de code moral à l'Empire.

DE FEU ET DE QUÊTES

La geste des héros

Le voyage initiatique de Tyrion

Nain, *Lutin*, ou encore *Bout d'homme*... Les titres peu glorieux sont multiples pour caractériser le troisième enfant de Tywin Lannister. Et si, contre toute attente, Tyrion était le véritable héros de *Game of Thrones*? Caractérisé comme difforme par son entourage, il est le vilain petit canard d'une famille bouffée par l'avidité du pouvoir et par la vengeance. Et pourtant. Curieux, stratège, politicien et humaniste, il est présent dans presque toutes les contrées des Sept Couronnes, et même au-delà. Il se lie d'amitié avec le Nord, avec le Sud, avec Essos. Il sait gouverner et mener une armée. Il a appris à unir les peuples, même s'ils sont réfractaires à l'idée de souveraineté. Il aide les éplorés, sauve les faibles. Et, ce qui ne gâche rien, il possède un sens de l'humour particulièrement développé.

DIONYSOS, NÉ DEUX FOIS

L'histoire de Tyrion rappelle celle de Dionysos. Ce dieu de l'Olympe était très différent de ses homologues. Il était le fruit de l'amour de Zeus (Jupiter) et d'une mortelle, la fille du fondateur de Thèbes Sémélé[1]. Leur relation était si fusionnelle qu'Héra, tremblant de jalousie, chercha à tout prix à se venger. Elle prit les traits de la nourrice de la princesse et la poussa à demander l'impensable à son amant : regarder le roi de l'Olympe sous sa vraie nature. Le dieu refusa d'abord,

1. Voir notamment *Apollodore*, *op. cit.*

arguant que pas un mortel ne pouvait survivre à cette vision, mais il céda finalement devant l'insistance de son aimée. Zeus, auréolé de lumière, arriva sur son char dans toute sa majesté en lançant des éclairs. Sémélé fut foudroyée sur le coup. Le dieu plongea alors ses mains dans le brasier et sortit un fœtus du ventre de sa compagne. Il ouvrit sa propre cuisse et y plaça son futur fils, avant de recoudre la peau pour achever la gestation. C'est du fait de cette double naissance que le dieu aurait pris le nom de *Dionysos*, c'est à dire «le deux-fois né». De là vient également l'expression *être sorti de la cuisse de Jupiter*.

Une autre version en fait le fils de Zeus et Perséphone, épouse d'Hadès. Dans ce mythe, Héra demanda aux Titans de couper le petit dieu en morceaux, mais Athéna récupéra son cœur. Le roi de l'Olympe plaça alors l'organe dans le ventre de Sémélé, le faisant naître une deuxième fois.

Cette histoire n'est pas sans rappeler la naissance de Tyrion qui emporta sa mère, morte en couche. S'il n'est pas né deux fois, dans le sens biologique en tout cas, il fut immédiatement détesté et repoussé par son entourage, tout comme Dionysos. L'ensemble de leur vie respective a une finalité symbolique : montrer aux yeux des autres leur légitimité de droit et leurs principes moraux. Et, pour ce faire, ils évoluent chacun dans une quête solitaire.

Détestés par leur famille, ils doivent tous deux faire preuve d'intelligence et de sang-froid pour pouvoir évoluer sans se faire tuer. Tyrion se cultive, plonge dans l'œuvre de Lomas Grandpas sur les merveilles du monde et dans les livres des saints. Il s'amuse, enfant, à exécuter des acrobaties pour amuser la famille.

Dionysos, lui, fut confié par Zeus à sa tante Ino et son oncle Athamas, roi de Thèbes. Pour le dissimuler à Héra, son père le transforma ensuite en chevreau et le fit envoyer à Nysa où il fut éduqué par des nymphes.

LE CHEMIN, DU MUR À ESSOS

C'est à l'âge adulte que les deux personnages peuvent enfin commencer réellement leur quête initiatique. Tyrion est l'un des protagonistes qui a le plus vadrouillé à travers le monde dans *Game of Thrones*, attiré par une curiosité elle-même stimulée par des lectures sur l'histoire et la géographie de Westeros et d'Essos. Parti de Port-Réal, il rejoint le Mur, avec un passage par Winterfell, avant d'être escorté de force aux Eyrié. De là, il repart vers le Val d'Arryn, pour revenir à Port-Réal et fuir alors sur l'autre continent. À Essos, il passe par Pentos, Valyria en ruines, Meereen et retourne finalement sur Westeros.

Sur le chemin, il s'entoure de nombreux personnages : Bronn, Podrick, Varys, Shae mais surtout sa toute première armée. Elle est composée des clans des montagnes de la Lune, des guerriers brutaux avec lesquels il parvient finalement à négocier et sympathiser. Sur la route, il se gorge de vin et fréquente les bordels autant qu'il le peut.

Dionysos, lui, entama un long vagabondage à travers la Grèce. Frappé de *mania* (de folie), il fut soigné par sa grand-mère Rhéa avant de rejoindre la Lydie, la Phrygie, la Perse et l'Asie, mais aussi la Thrace. À chacun de ses passages, il lutta pour se faire reconnaître comme dieu par les Hommes et installa peu à peu son culte à travers le monde.

Personnage initialement solitaire, il finit par s'entourer d'une horde de ménades qui partageaient avec lui le goût de l'excès : il s'agissait des Bacchantes. Il s'imposa progressivement comme le dieu du vin, de la fertilité, de la folie. Son objectif : prouver son identité avec force d'intelligence et pas mal de brutalité.

ÊTRE DIFFÉRENT, C'EST LÉGITIME

La quête prend un tournant décisif quand Tyrion et Dionysos s'attaquent finalement à leur famille proche. La mort de Tywin marque ainsi un tournant dans la vie du fils Lannister. Elle est l'aboutissement d'une quête effroyable, rythmée par la violence de son entourage : Catelyn tente de l'inculper et Lysa l'envoie dans le Val, persuadée qu'il n'en sortira pas vivant. Son père le pousse sur le champ de bataille alors qu'il n'a jamais pratiqué les armes. Cersei, enfin, l'emprisonne et essaie de le faire tuer, après des menaces répétées à son encontre.

Dionysos, lui, fut écrasé par l'agressivité d'Héra. Il fut jeté en prison par le roi Lycurgue et subit la démesure de son cousin Penthée, roi de Thèbes, qui refusa de reconnaître son culte. Sa tante Agavé, mère de Penthée, insulta quant à elle la lignée du dieu.

Les deux personnages entament alors une nouvelle quête, celle de la légitimité. Tyrion, les mains tachées du sang de son père, peut symboliquement se détacher de sa propre maison pour accompagner le dessein politique de Daenerys... et combattre sa famille.

Dionysos, lui, déploya tout un arsenal pour se venger de ses parents proches et leur prouver qu'il était un dieu. Et, par conséquent, qu'il avait l'ascendant sur les Hommes.

Cette aventure est contée dans *Les Bacchantes* d'Euripide[2]. En réaction au désaveu de Penthée, le fils de Sémélé organisa sa vengeance. Il se travestit en femme pour approcher la cour du roi, puis rendit les Thébaines folles, Agavé comprise. Il convainquit ensuite Penthée lui-même de se tra-

2. Euripide, *Les Bacchantes*, trad. Henri Grégoire, Les Belles Lettres, 2002.

vestir en femme et le ridiculisa. Il poussa enfin les Thébaines rendues folles, Agavé en tête, à écarteler le jeune roi. Sa mère reprit conscience et réalisa l'horreur de son geste au moment où elle paradait dans la cour, tenant une lance sur laquelle la tête de Penthée était plantée.

Ayant prouvé qui il était vraiment, le dieu se rendit aux Enfers pour y délivrer sa mère. Il la transporta sur l'Olympe où elle prit le nom de Thyoné.

Et si Tyrion était le véritable héros de l'histoire? Ou, plutôt, un vrai roi en puissance? Il unit en effet les peuples et les protège comme un chef politique. Il est sage comme un législateur. Il est stratège comme un chef de guerre. Il est cultivé, c'est un intellectuel. Il connaît l'art oratoire et le maîtrise à la perfection. Enfin, il sait différencier le bien et le mal, dépassant les intérêts qui lui sont propres. Qui de plus juste pour gouverner le royaume?

LE SAVIEZ-VOUS?

Les Pluies de Castamere

Dans *Le Trône de fer*, la figure du lion est omniprésente. Elle marque l'identité des Lannister, mais pas uniquement. D'autres familles portent également cet emblème, et notamment les Reyne. Le siège de cette Maison se situait à Castamere. Elle était la deuxième la plus riche de Westeros.

Tytos Lannister, alors gouverneur de l'Ouest, était jugé faible et négligent. La Maison vassale en profita pour tenter de prendre le pouvoir mais Tywin, son fils, souhaitait redorer le blason de la famille. Il écrasa l'armée ennemie et tua les derniers Reyne restants, hommes, femmes et enfants. Enfin, il exposa leurs corps durant plusieurs années aux portes de Castral Roc. Cet événement inspira la musique «Les Pluies de Castamere» qui devint l'hymne des Lannister.

UN PEU D'HISTOIRE

LE LION, CET ANIMAL DE LA MYTHOLOGIE

Royal, féroce et sauvage… Les caractères du lion dessinent une figure majestueuse et inquiétante à la fois. Elle est présente dans le folklore depuis la Mésopotamie et l'Égypte ancienne. Chez les Grecs, on retrouve fréquemment l'animal. La Déesse Mère Cybèle, symbole de la nature sauvage, fut elle-même élevée par un lion. Son trône était gardé par Atalante et Hippomène, deux mortels changés en fauves pour avoir copulé dans son temple. Son char, quant à lui, était tiré par des lions. Elle participa également à l'éducation du jeune Dionysos.

Il y eut aussi le Lion de Némée que combattit Héraclès à l'occasion des Douze Travaux. L'animal vivait dans la région de Némée, dans l'actuel Péloponnèse, et avait une peau impénétrable. Incapable de l'achever avec les flèches que lui avait données Apollon, il frappa l'animal à l'aide de sa massue et l'étouffa de ses mains. Après sa mort, Zeus le transforma en constellation, celle du Lion.

Deux sœurs pour un roi (du Nord)

Winterfell s'éveille et, déjà, Bran escalade les murs, Robb et Jon prennent l'épée, et leurs parents les regardent avec fierté. De vrais gars du Nord. Au milieu de ce ballet masculin, Arya et Sansa s'attachent à grandir, pas sans difficultés. D'un côté, il y a l'aventurière qui ne rêve que d'une chose : grimper à cheval et partir au combat. De l'autre, une jeune femme qui se destine à un avenir riche et mondain, celui d'une princesse, celui qui devrait préfigurer la vie de la future reine des Sept Couronnes.

Caricatures? Les deux sœurs le sont assurément. Mais elles représentent surtout les deux reflets opposés d'un miroir qui, au long de deux quêtes personnelles, s'étiole peu à peu. Au moment des retrouvailles, c'est la complicité qui prévaut, celle de deux adultes qui partagent un passé peu glorieux, rythmé par un bon paquet d'ennuis. Et pas mal de sang, cela va sans dire.

ANTIGONE ET ISMÈNE, DEUX OPPOSÉES

Les histoires de sœurs sont fréquentes dans la mythologie. Antigone et Ismène, tout particulièrement, grandirent elles aussi dans un univers très masculin. Elles accompagnèrent leur père Œdipe à Colone après qu'il se fut crevé les yeux[3]. De retour à Thèbes, elles observèrent leurs deux frères se battre à mort pour le trône de Thèbes. Leur oncle Créon,

3. Sophocle, *Tragédies — tome 3 : Philoctète, Œdipe à Colone*, trad. Paul Mazon, Les Belles Lettres, 1960.

devenu roi, ordonna qu'Étéocle soit enterré selon les traditions[4] : il lui assurait ainsi un passage serein dans la mort. Il rejeta Polynice et exposa son corps pour qu'il serve de proie aux animaux. Antigone brava alors les interdits pour enterrer son deuxième frère. Ismène, elle, craignait les foudres du roi et refusa d'aider sa sœur. En d'autres termes, l'une prôna la justice divine, l'autre la justice humaine.

Cette même opposition est transposée dans la relation entre Arya et Sansa, dès le meurtre de Mycah, le fils du boucher que Sandore Clegane exécute ; la plus jeune des sœurs, fondamentalement humaniste, est du côté d'une loi qui la transcende et qui s'approche de la justice divine. Sansa, elle, est du côté du roi, celui qui décide les lois applicables sur le territoire. Leur séparation, à la mort de Ned, marque le début de deux épopées sanglantes qui les mèneront, chacune, à concevoir la justice autrement : il y a les bons d'un côté, les mauvais de l'autre ; certains méritent la mort, d'autres pourront être épargnés.

LES SANS-VISAGE

Les aventures d'Arya la dirigent vers Braavos, dans la communauté des Sans-Visage. Là, durant plusieurs mois, elle reçoit l'enseignement de la secte. La scène de combat avec la gamine abandonnée, dans la série, marque l'aboutissement de sa formation et un moment-clé dans sa construction identitaire : elle est devenue mature.

La communauté sert le dieu Multiface. Loin d'être une religion déconnectée du reste du territoire, elle réunit en fait certains préceptes et croyances associés aux anciens dieux et à la Foi des Sept. Ses serviteurs, prêtres et disciples, se

4. Sophocle, *Tragédies — tome 1 : Les Trachiniennes, Antigone*, *op. cit.*

pensent chargés de prendre la vie des personnes désignées par leur divinité.

Dans cette représentation, difficile de ne pas voir une référence à Janus, le dieu romain aux deux visages, l'un regardant le passé, l'autre l'avenir[5]. Il était le symbole du choix. Avant d'être transformé en puissance divine, c'était un homme qui régnait sur la colline du Janicule sur laquelle il fonda une cité. Il accueillit Saturne (Cronos), père de Jupiter (Zeus), lorsque le roi du panthéon romain le chassa de Grèce. Humaniste, il inventa les bateaux et la monnaie. Il aurait civilisé les Aborigènes du Latium en leur apportant des lois et une conscience politique.

Quel est le sens des transformations quasi magiques des Sans-Visage ? Ce type de pouvoir puise dans une fascination ancestrale des Hommes pour les métamorphes. Là encore, la mythologie gréco-romaine n'est pas avare sur le sujet. Chaque dieu avait la capacité de changer de forme autant qu'il le souhaitait[6]. Zeus, tout particulièrement, usa à de multiples reprises de cette faculté pour séduire ses amantes. Il se changea en aigle, serpent, taureau, cygne et même nuage et pluie d'or, parmi d'autres. Il prit également les traits d'autres dieux ; il se transforma par exemple en Artémis pour approcher Callisto et coucher avec elle.

S'ils modulent leur forme pour parvenir à leur fin, les dieux ne le font pourtant jamais pour tuer, au contraire des Sans-Visage. Au mieux transforment-ils les Hommes pour les punir, comme c'est le cas de Lycaon, changé en loup.

Au Moyen Âge, ce type de magie continua de fasciner les Hommes. Il y eut Bisclavret, par exemple, qui se changeait

---

5. Il existe de nombreuses références sur Janus, un des dieux fondamentaux de la religion romaine. On se reportera notamment aux *Fastes* d'Ovide.
6. Sur ce point, voir Ovide, *Métamorphoses*, *op. cit.*

en loup-garou trois fois par semaine[7], ou encore Muldumarec qui se transforma en oiseau pour rejoindre celle qu'il aimait[8]. Il faut dire que l'imaginaire médiéval fut fortement influencé par les *Métamorphoses* d'Ovide[9]. L'exemple le plus frappant n'est autre que Merlin qui, comme Zeus, parvenait à modifier ses caractéristiques corporelles autant qu'il le souhaitait. Il se changea notamment en homme sauvage, en enfant et en cerf.

L'ODYSSÉE D'ARYA

Changer de visage, qui n'en a jamais rêvé? Mais pour atteindre cet état, Arya doit perdre son identité, s'oublier, devenir *personne*. Cette ruse symbolique est une référence directe à l'*Odyssée* et à la scène qui a fondamentalement marqué l'origine du long périple d'Ulysse[10].

Le bateau du héros débarqua au pays des Cyclopes. Avec douze de ses hommes, il investit une caverne remplie de nourriture et se mit à dévorer les provisions. Il s'agissait en fait de l'antre de Polyphème, enfant de Poséidon. Le Cyclope les y enferma et dévora crus deux compagnons du roi d'Ithaque.

Ulysse trouva alors un stratagème pour parvenir à s'échapper : il donna à son geôlier une barrique de vin qui le rendit complètement ivre. Avant de s'endormir profondément, le Cyclope demanda son nom au héros : « Personne », répondit-il.

Les hommes profitèrent du profond sommeil du géant pour crever son unique œil à l'aide d'un pieu. Ils s'atta-

7. Marie de France, *Lais*, éd. Philippe Walter, Gallimard, 2000.
8. *Ibid.*
9. Ovide, *op. cit.*
10. Homère, *Odyssée*, *op. cit.*

chèrent ensuite sous les brebis de Polyphème et attendirent son réveil.

Au moment du pâturage, Ulysse et ses compagnons purent ainsi s'enfuir sans que le Cyclope ne remarque rien et, quand on lui demanda qui lui avait crevé l'œil, il ne put que répondre : « Personne ».

La violence d'Ulysse anima la colère de Poséidon. Pour venger son fils et gâcher le voyage du héros, le dieu des mers lança sur l'eau un grand nombre de tempêtes : le long périple n'était pas près de se terminer.

Jaqen H'ghar n'est pas un Ulysse. Arya non plus, d'ailleurs. Mais ce qu'ils incarnent force la fascination. Et tout l'apprentissage que reçoit la jeune Stark achève une quête pénible, rythmée par la mort. Elle peut désormais s'incarner complètement en un autre, elle maîtrise parfaitement les armes, elle n'a plus une once de peur. Le meurtre des Frey est un épisode majestueux qui marque tant l'accomplissement de sa formation guerrière que le retournement attendu de sa quête personnelle. Avant qu'elle ne retrouve sa Maison et ne s'allie à Sansa.

SANSA, LA NOUVELLE HÉLÈNE

Avec sa chevelure rousse parfaitement peignée et ses robes soigneusement repassées, Sansa a été façonnée pour devenir une princesse accomplie. Son histoire aurait pu ressembler à un véritable conte de fée s'il n'y avait eu Joffrey, Cersei, Lysa, Ramsay et surtout Littlefinger. Elle porte en elle l'héritage médiéval de l'épouse d'un seigneur : une noblesse de naissance, une bonne éducation et l'affirmation d'un mariage à venir, certes arrangé, mais malgré tout glorieux et du coup satisfaisant. Au début de la saga, son ingénuité est à la fois touchante et exaspérante. Puis son trajet retour vers Winterfell, semé d'embûches, marque la lente construction de son identité jusqu'à la légitimation de son statut final : la Dame de Winterfell, comme le fut auparavant sa mère.

Sansa est inscrite dans une tradition fantasmée de princesses, ces *beautés* qui ont construit la figure de Cendrillon depuis le XVIe siècle. Elle remonte en fait beaucoup plus loin. Ce personnage est une incarnation d'Hélène, dont l'enlèvement fut à l'origine de la guerre de Troie.

Il s'agissait de la plus belle femme du monde. Elle naquit de l'union de Zeus et d'une mortelle[11]. Le dieu tomba amoureux de Léda, épouse du roi de Sparte. Pour la séduire, il se transforma en un cygne qu'elle prit dans ses bras et posa sur son ventre. Là, il s'accoupla à elle. Léda accoucha de deux œufs, dont chacun donna naissance à deux enfants, d'un côté Hélène et Pollux issus de Zeus, de l'autre Castor et Clytemnestre issus de Tyndare. Castor et Pollux furent des jumeaux mythiques célébrés en Grèce sous le nom des Dioscures. Clytemnestre, elle, épousa Agamemnon, un des personnages principaux de la guerre de Troie, et donna naissance à quatre enfants dont Iphigénie et Électre.

Hélène, elle, eut une jeunesse compliquée. À une douzaine d'années, elle fut enlevée par Thésée dont l'épouse (Phèdre) venait de se suicider. Il se maria à elle puis partit aux Enfers. Ses frères les Dioscures la libérèrent. Tyndare souhaita alors lui trouver un nouvel époux. Il réunit plusieurs prétendants et, pour éviter d'éventuels conflits, leur fit promettre de prendre les armes si jamais la jeune femme subissait un outrage. C'est Ménélas, roi de Sparte, qui fut choisi.

---

11. L'histoire de la naissance d'Hélène et de sa vie est notamment citée dans *La Bibliothèque* d'Apollodore. La guerre de Troie est contée avec précision dans l'*Iliade* d'Homère.

Ils vécurent tranquillement et eurent une fille, Hermione. Mais pendant ce temps-là, quelque chose se passa sur l'Olympe. On y célébrait le mariage de la déesse Thétis et du mortel Pélée à l'occasion d'un grand banquet. Tous les dieux avaient été invités. Tous sauf une. Éris, déesse de la discorde, arriva en trombe durant le repas, en rage d'avoir été mise de côté. Pour se venger, elle jeta une pomme d'or au milieu de la tablée avec une mention : « Pour la plus belle. » Héra, Athéna et Aphrodite exigèrent chacune le fruit. Mais personne n'était capable de les départager. Le jeune mortel Pâris fut alors pris à parti par Zeus : qui, selon lui, était la plus grande beauté ? Le Troyen offrit la pomme à Aphrodite. Ravie, elle lui promit la plus belle femme du monde.

Un jour, il rencontra Hélène et tomba follement amoureux d'elle. Aphrodite avait promis ; il enleva donc la princesse, causant un profond émoi en Grèce. Les Achéens (les Grecs), menés par Ménélas et Agamemnon, envahirent Troie sur la côte asiatique.

Pâris mourut durant la guerre. Hélène, elle, fut mariée à Déiphobe, fils de Priam. Quand elle parvint à revenir chez les Grecs, ses retrouvailles avec Ménélas furent très compliquées ; Hélène expliqua qu'elle fut unie de force et qu'elle avait aidé les Achéens à sortir victorieux du conflit. Son époux lui pardonna et ils vécurent heureux à Sparte.

Plusieurs années après, quand Ménélas mourut, elle fut bannie de sa cité et s'exila à Rhodes où la reine Polyxo la noya. Fin de l'histoire.

Enlevée et mariée de force, la difficile histoire d'Hélène fait écho à celle de Sansa. Le mariage de la Stark avec Ramsay, dans la série, marque un bouleversement profond dans sa conception du monde. La violence et la perversion de son époux rappellent celles de Joffrey, à une différence près : là où le jeune roi se laissait impressionner par les grandes figures d'autorité (Cersei, Tywin et Tyrion), Ramsay trouve, lui, un accomplissement total dans le jeu de la torture et est assez narcissique pour se penser au-dessus des plus forts que lui.

Les viols que Sansa subit interrogent ; l'acte est-il plus admissible dans un univers de royauté médiévale où la femme est mariée de force et dont l'objectif premier n'est autre que l'enfantement ? Certes non. Cette violence sexuelle est une des bases de la mythologie gréco-romaine. Des femmes y furent violées par des dieux et des hommes sans que justice s'en mêle. Les *Métamorphoses* d'Ovide[12], elles-mêmes inspirées et adaptées des mythes grecs, sont remplies de récits de violence sexuelle qui mettent en exergue la domination de l'idéologie masculine.

Procné et Philomèle, pour ne citer que ces deux sœurs, en subirent les conséquences[13]. Elles étaient les filles du roi d'Athènes, Pandion. Il maria la première à Térée qui gouvernait la Thrace. Les jeunes mariés vécurent éloignés de Philomèle et eurent un fils, Itys. Mais au bout de quelques années, Procné avoua à son époux que sa sœur lui manquait énormément et qu'elle serait heureuse de la revoir. Le roi se rendit à Athènes chercher la jeune femme et tomba immédiatement sous son charme. Arrivé en Thrace, il la viola, lui coupa la langue pour qu'elle ne raconte pas ce qui lui était arrivé et la mit sous bonne garde dans une bergerie. Il raconta ensuite à Procné que sa sœur était morte en chemin.

Philomèle tissa alors une grande toile qui racontait son histoire et la fit porter à Procné. Sa sœur comprit immédiatement ce qui s'était passé. Elle la rejoignit, tua son propre enfant Itys, le découpa en morceaux qu'elle fit servir en dîner au roi de Thrace. Térée était en rage. Il se mit à

12. Ovide, *Métamorphoses, op. cit.*
13. *Apollodore, op. cit.*

pourchasser les deux femmes mais elles se changèrent en rossignol et en hirondelle. Lui fut transformé en huppe et ne put jamais les atteindre.

La Bataille des Bâtards est une réponse à cette violence ; Jon et Ramsay s'y affrontent pour légitimer l'appartenance de la cité (Winterfell) à leur Maison. Sansa s'affirme comme le symbole de ce pouvoir. En effet, avoir Sansa, c'est avoir Winterfell. Mais la princesse a quitté son statut, elle n'est plus Hélène désormais et se bat (presque) à armes égales. Le pacte qu'elle scelle en secret avec sa sœur Arya, au moment d'exécuter Littlefinger, a un sens très particulier dans la vie des deux jeunes femmes. C'est la réconciliation d'Antigone et Ismène qui vont non seulement enterrer leurs morts mais aussi affronter Créon. Et, pour ce faire, elles se placent toutes deux du côté d'un des personnages les plus importants de la série : Jon Snow.

LE SAVIEZ-VOUS ?

Un visage peut en cacher un autre

Mystérieuse et fantasmatique, la Demeure du Noir et du Blanc laisse le spectateur sans voix. Ce temple de Braavos dédié au dieu Multiface rassemble les visages des femmes et des hommes tués par les Sans-Visage. Ils décorent les alcôves d'une pièce qui semble sans fin. On y trouve également d'autres personnes : les visages des producteurs David Benioff et D. B. Weiss sont eux aussi accrochés dans la pièce. Plus encore : à un moment, Arya s'arrête devant le masque d'une vieille femme et l'observe posément. Ce n'est autre que la mère de Barry Gower, responsable des prothèses utilisées lors du tournage !

Bran le béni et autres histoires de corbeaux

Les personnages mystiques sont légion dans *Game of Thrones*. D'Essos à Westeros, on déniche des sorciers et magiciens, des prophètes au pouvoir de résurrection, des change-peaux (zoman) et d'autres capables de troquer leur visage. Et il y a Bran, dont le pouvoir semble dépasser tous les autres. Sa magie se développe progressivement, s'impose à lui et le pousse à suivre un dessein auquel il semble ne pouvoir échapper.

Le petit garçon mutin, curieux et intrépide devient peu à peu un être sombre, étrange, merveilleux, jusqu'à embrasser une figure trouble et majestueuse à la fois, celle de la corneille à trois yeux. Cette quête de plusieurs années semble mener vers la bataille finale contre les Marcheurs blancs dans laquelle Bran jouera manifestement un rôle central.

BRAN LE GALLOIS

Chez les Celtes, et notamment en langue galloise, *Bran* signifiait «corbeau». L'image du corbeau, chez ces mêmes peuples, était une allégorie du guerrier. C'est l'idée qui est véhiculée à travers l'histoire de Bran le Béni, inscrite dans l'histoire mythique de la Grande-Bretagne[14]. Il s'agissait d'un géant, souverain d'Harlech dans le Pays de Galles. Selon

14. *Les quatre branches du* Mabinogi *et autres contes gallois du Moyen Âge*, trad. Pierre-Yves Lambert, Gallimard, 1993.

certaines versions, il était un magicien doté du pouvoir de divination.

Pour assurer la paix avec le peuple irlandais, il accepta de donner la main de sa sœur Branwen à Matholwch, roi d'Iwerddon (Irlande). Mais Evnissyen, son frère malfaisant, était furieux de ne pas avoir été consulté sur cet accord marital. Il tua alors tous les chevaux des Irlandais, forçant Bran à en offrir à ses nouveaux amis. Tout semblait réglé ; les jeunes époux partirent en Irlande et eurent un fils, Gwern. Mais le peuple irlandais n'avait pas oublié l'affront qui leur avait été fait lors de leur passage sur les terres galloises. Branwen fut décriée et le roi, peu compatissant, finit par la répudier et l'envoyer travailler en cuisine.

Bran apprit la triste histoire de sa sœur quelques années plus tard. Il attaqua le roi d'Irlande pour défendre sa parenté. Une grande bataille commença alors entre les deux peuples au cours de laquelle le géant fut blessé par une flèche empoisonnée. Il ordonna qu'on tranche sa propre tête et qu'on la plante sur la colline blanche où il pourrait protéger la Bretagne. Les 87 années qui suivirent, sa tête put ainsi continuer à discuter avec les survivants.

Cette légende inspira fortement le personnage du jeune Stark. S'il ne prend pas les armes pour défendre son royaume, il en est résolument le protecteur et son œil acéré veille sur ses proches. Il développe en outre ses dons de divination au cœur de la forêt, là où il devient lui-même un corbeau.

L'OISEAU AUX NOIRES PLUMES

Si l'oiseau véhicule aujourd'hui une image péjorative et liée à la mort, cela n'a pas toujours été le cas. Les Grecs en firent un allié d'Apollon. Le dieu tomba amoureux d'une mortelle, la princesse Coronis[15], et chargea un corbeau blanc de veiller sur elle. Quand il apprit qu'elle s'était laissé séduire par un autre, il la tua d'une flèche. Elle eut tout juste le temps d'accoucher d'Asclépios. Depuis cette triste histoire, le corbeau ne porta plus que des plumes noires.

Chez les Celtes, l'animal est associé aux champs de bataille et à la guerre. Les légendes de ces peuples ont probablement inspiré le regard négatif que nos contemporains ont posé sur cet *oiseau de mauvais augure*.

Pour le comprendre, il faut revenir à l'histoire de Cúchulainn[16]. Il était l'un des héros les plus importants de la mythologie celte. Il batailla un nombre incalculable de fois, notamment lors de la rafle de Cúailnge. Il s'agissait d'un grand conflit entre Connacht et Ulster, deux provinces d'Irlande. Cúchulainn possédait une force extraordinaire que la reine Medb ne parvenait pas à vaincre : elle lança même sur son clan un sortilège de faiblesse mais le guerrier continua à se battre avec vigueur.

Elle parvint alors à lui faire consommer une viande ensorcelée qui avait le pouvoir d'affaiblir toute personne qui la mangerait. Lors du combat qui suivit, il reçut une grave blessure et en mourut. Une corneille se posa sur son cadavre. Ce n'était autre que la déesse de la mort, Morrigan.

Si les Anciens posaient un regard fasciné sur l'oiseau aux plumes noires, c'est surtout les Vikings qui usèrent de ce symbole, en faisant un des thèmes importants de leur mythologie. Deux corbeaux, Huginn (« pensée ») et

---

15. Ovide, *Métamorphoses*, *op. cit.*
16. *La rafle des vaches de Cooley. Récit celtique irlandais*, trad. Alain Deniel, L'Harmattan, 1997.

Muninn (« mémoire »), étaient ainsi au service d'Odin, le roi d'Asgard[17]. Chaque matin, ils s'envolaient pour observer ce qui se passait dans les Neuf Mondes qui reposaient sur Yggdrasil (l'Arbre Monde). Puis ils revenaient, le soir, raconter à l'oreille de leur maître ce qu'ils avaient vu. Ils devinrent une des marques d'identité du dieu, souvent représenté avec ses deux fidèles oiseaux nichés sur les épaules.

LA CORNEILLE À TROIS YEUX

Huginn et Muninn représentent l'allégorie du sage : ils réunissent tous deux la réflexion et le souvenir. Bran, lui, dépasse encore cette représentation. Il est un vervoyant. Il voit le présent, le passé et perçoit l'avenir. Il peut aussi basculer d'un espace spatio-temporel à un autre et avoir une influence sur ce qui a déjà eu lieu ; c'est tout le sens de la scène où Hodor perd la vie.

Derrière Bran, il y a son prédécesseur, Brynden Rivers, le vieil homme perché dans l'arbre. Il est celui qui voit, qui protège le monde des Hommes et des Enfants de la Forêt. C'est une sorte d'Odin qui, du haut de son trône à Asgard, surveille tout ce qui l'entoure. Et, pour ce faire, il utilise son troisième œil. Là encore, la référence au dieu nordique est claire : Odin troqua l'un de ses deux yeux auprès du géant Mímir en échange d'une gorgée du Mimisbrunn, une source magique[18]. Il accéda alors à la sagesse cachée du monde ; symboliquement le seul œil qui lui restait était capable de tout voir.

17. Lee M. Hollander, *op. cit.*
18. *Ibid.*

Le troisième œil se retrouve dans de nombreuses civilisations, et tout particulièrement dans les mythologies asiatiques. Mahakala, par exemple, était une divinité tibétaine protectrice des lois. Ses yeux étaient le symbole de la compréhension du monde, de son passé et son avenir.

En Grèce, certaines créatures étaient munies de multiples yeux, tel le géant Argos Panoptès qui en possédait une centaine[19]. Il pouvait tout voir et était en permanence sur le guet : quand il dormait, cinquante se fermaient et les cinquante autres restaient ouverts, à l'affût.

Son histoire est liée à celle d'Io, une jeune femme à laquelle Zeus s'accoupla. Pour la cacher des yeux d'Héra, il la transforma en génisse. Mais l'épouse du roi de l'Olympe exigea l'animal et le fit garder par Argos pour empêcher le dieu de s'en approcher. Zeus ne tenait pas à en rester là : il envoya Hermès chez le géant avec comme consigne de le tuer. Le messager raconta au gardien une histoire qui l'endormit complètement et profita de son profond sommeil pour lui trancher la tête. Afin de lui rendre hommage, Héra récupéra les cent yeux et les déposa sur le paon. Depuis, l'animal arbore une robe joliment décorée.

Reste que la puissance de Bran n'est pas limitée à celle de médium, voyant ou divin. Elle va bien au-delà. Comme ses frères et sœurs, il peut communiquer avec son loup, mais pas seulement : c'est un zoman, c'est à dire un change-peau. Cette magie n'est pas sans rappeler le pouvoir des métamorphes, tout comme dans l'histoire d'Arya. Elle était très appréciée dans la mythologie gréco-romaine ; certains héros sont ainsi nés à la suite d'une scène de transformation. C'est le cas d'Héraclès.

19. Argos fait l'objet de plusieurs mythes. On pourra notamment se reporter à la *Bibliothèque* d'Apollodore et aux *Métamorphoses* d'Ovide.

Zeus tomba amoureux d'Alcmène[20]. C'était la fille du roi de Mycènes et l'épouse d'Amphitryon. Le dieu profita de l'absence de son époux pour prendre sa forme. Il demanda à Hélios de ne pas faire lever le soleil durant trois jours, de manière à faire durer l'étreinte. Le même soir, le roi revint de la guerre et coucha également avec elle. Elle donna naissance à Iphiklès, fils d'Amphitryon, et à Héraclès, enfant de Zeus et futur héros des Douze Travaux.

Pour développer son pouvoir, Bran avale une pâte de germe de Barral, ces fameux arbres au tronc creusé d'une figure humaine. Cet ingrédient n'est pas sans rappeler l'ambroisie que consommaient les dieux de l'Olympe. Il s'agissait d'une sorte de miel qui rendait immortel celui qui l'ingurgitait. On le servait en boisson, nourriture, onguents. C'est d'ailleurs ce fantasme qui a probablement nourri l'imaginaire autour de la fontaine de jouvence.

Dans la mythologie, il est en fait fréquent que des personnes ingèrent de la nourriture magique pour développer leurs pouvoirs ou modifier leurs caractères physiques. Le lotus, chez Homère, rend amnésique. Il est consommé par les Lotophages que rencontre Ulysse lors de son périple. Dans les mythes nordiques, les pommes d'Idunn, détenues par la déesse Asyne, apportent une éternelle jeunesse. C'est grâce à ces fruits que les dieux restent vivants : dès qu'ils se sentent vieillir, ils en croquent une et rajeunissent immédiatement.

20. Pseudo-Hésiode, *Le Bouclier d'Héraclès*, trad. Ernest Falconnet, 1838.

RETOUR AUX ORIGINES

Bran n'est ni un sorcier ni un combattant. Sa quête est celle d'un garçon happé par son propre destin. Il s'affirme comme une réponse possible au combat contre les Marcheurs blancs. Il est le pendant de Brandon le bâtisseur, fondateur légendaire de la Maison Stark. En tant que tel, il fait partie des grandes figures de ce nouvel Âge des héros qui fait écho à l'histoire originelle du *Trône de fer* : la bataille contre les Autres, le pacte avec les Enfants de la Forêt et la présence de figures héroïques, Jon et Daenerys. Et si Bran était la clé de l'histoire?

LE SAVIEZ-VOUS ?

Qui est la Corneille à trois yeux?

Brynden Rivers fait sa première apparition physique dans la saison 4 de *Game of Thrones*. C'est alors un homme âgé de 77 ans, prisonnier d'un arbre. Bran devient son disciple jusqu'au passage de flambeau. Mais avant d'être la Corneille à trois yeux, ce personnage a mené une vie particulièrement riche qui n'est pas racontée dans la série. C'est l'œuvre originale de George R. R. Martin qui nous donne les billes pour mieux comprendre son histoire.

Il est l'un des bâtards du roi Aegon IV, ce qui en fait l'arrière grand-oncle de Daenerys. Du côté maternel, il est issu des Nerbosc, une ancienne Maison du Nord. Il fut tour à tour combattant pour les Targaryen sous le nom de «Freuxsanglant», espion, Main du Roi sous Aerys I et Maegar I et Commandant de la Garde de Nuit. Il touchait également à la magie et avait des pouvoirs de change-peau.

Un jour, il disparut de l'autre côté du Mur. C'est là qu'il devint la Corneille, le dernier vervoyant au monde avant l'arrivée de Bran. Il s'installa sur un trône de barral et consomma sa pâte, confectionnée par les Enfants de la Forêt. L'arbre poussa alors tout autour de lui.

Jon, enfant des dieux. Ou presque

Bâtard, Frère juré, époux d'une Sauvageonne, lord Commandant, roi du Nord, roi légitime du Trône de Fer, enfant Snow, Stark et Targaryen à la fois... Jon cumule les statuts. Il partait pourtant de loin. Haï par sa prétendue belle-mère, il ne pouvait nullement prétendre à une quelconque reconnaissance au sein des Sept Couronnes. Et pourtant. Ténébreux, courageux et fondamentalement humaniste, le garçon a digéré une série d'épreuves — dont certaines carrément mortelles ! — qui ont stimulé son aura résolument héroïque.

ÊTRE UN BÂTARD, C'EST PLUTÔT COOL

Les enfants nés hors mariage, donc *a priori* illégitimes, peuplent la mythologie gréco-romaine et se trouvent à la source d'une partie de la généalogie divine. Les dieux tombaient amoureux des mortels comme des mouches. Zeus (Jupiter) en particulier trompa Héra (Junon) avec des femmes et des hommes un nombre incalculable de fois. Des unions avec le sexe opposé naquirent une myriade de héros, mi-hommes mi-dieux. Et ces mêmes personnages fondèrent, selon les croyances, l'héritage mythique des Anciens. Rome, par exemple, fut créée par les enfants de Mars qui avait violé une vestale en rêve.

La naissance des cités, à l'époque classique, a marqué plus que jamais la nécessité de pérenniser les familles : il fallait procréer pour défendre les enceintes de la ville ; le guerrier avait ainsi une valeur fondamentale aux yeux des

Grecs. Et l'image du héros, puissant, intrépide et (souvent) victorieux y trouvait toute sa justification. Pour les Anciens, les bâtards n'étaient pas considérés aussi négativement qu'à partir de l'époque médiévale, où l'adultère et la fornication allaient à l'encontre des règles de l'Église. Pourtant, le mariage avait un sens très important pour nos ancêtres car il permettait de tisser des unions avec d'autres familles pour agrandir sa renommée et accroître ses richesses.

Les bâtards des dieux se situent au croisement de ces croyances ; ils ne sont pas légitimes en droit mais leur génétique suffit à les légitimer. Dionysos, fils de Zeus et de la mortelle Sémélé, passa ainsi une partie de sa vie à prouver aux Hommes (et à sa famille thébaine en particulier) qu'il était un dieu capable des pires atrocités.

Jon, enfant des dieux? Dans la symbolique, complètement. Son personnage, son caractère très droit et son parcours guerrier et victorieux rappellent quelques héros fameux : Persée, fils de Danaé et Zeus transformé en pluie d'or, ou encore Thésée, né d'Éthra et de Poséidon mêlé à Égée. Et, parmi d'autres encore, il y a les Dioscures (c'est à dire «jeunes garçons de Zeus»), qui auraient inspiré la version romaine de Rémus et Romulus. Ils étaient les fils de Léda qui fut séduite par le roi de l'Olympe métamorphosé en cygne. Ils naquirent dans deux œufs différents : le premier contenait Hélène et Pollux, enfants de Zeus et donc demi-dieux, le second contenait Clytemnestre et Castor, nés de Tyndare, donc simples mortels[21].

Les Dioscures ont été célébrés par les Grecs pour leur valeur guerrière : les deux garçons, par leur destinée, était une représentation idéalisée des jeunes citoyens, prêts à prendre les armes pour défendre leur communauté. Avec d'autres héros, ils combattirent le sanglier de Calydon,

21. Apollodore, *op. cit.*

un animal gigantesque qui terrifiait la région, puis sauvèrent leur sœur du joug de Thésée qui l'avait enlevée pour l'épouser. Ils participèrent également à l'expédition des Argonautes pour récupérer la Toison d'or.

Castor trouva la mort lors d'une grande bataille que les jumeaux menèrent contre leurs cousins les Aphareïdes. Pollux demanda à Zeus de partager sa propre immortalité avec son frère. Chacun vécut alors six mois sur terre et six mois aux Enfers[22]. Ils furent finalement envoyés au ciel et devinrent la constellation des Gémeaux.

LE NOUVEL HÉRACLÈS

Le héros, dans l'Antiquité, recouvrait un grand nombre de types de personnages. Ce pouvait être un descendant direct ou indirect d'un dieu, mais aussi une figure dont la geste était glorieuse et qui pouvait être divinisée à sa mort. En somme, il s'agissait d'hommes extraordinaires, dans le sens premier du terme. L'idéal chevaleresque médiéval s'en approche ainsi, sans pour autant en calquer les caractères.

Jon, allant de bataille en bataille avec un parfait sang-froid et une grande droiture, Jon revenant du monde des morts... Ce sont autant d'étapes qui rappellent la vie d'Héraclès, fils de Zeus[23].

Sa destinée est directement liée à sa naissance illégitime. Poursuivi par la colère d'Héra, qui voyait Zeus occuper les lits de nombreux.ses mortel.les, Alcide[24] combattit à mains

22. Homère, *Odyssée*, *op. cit.*
23. En tant qu'un des héros fondamentaux de la mythologie gréco-romaine, Héraclès/Hercule apparaît dans de nombreux mythes. On le retrouve notamment dans *Le Bouclier d'Héraclès* de Pseudo-Hésiode, mais aussi *La Folie d'Héraclès* d'Euripide et la *Bibliothèque* d'Apollodore, parmi d'autres.
24. Premier nom d'Héraclès.

nues deux serpents envoyés par la déesse en furie, alors qu'il n'était encore qu'un enfant. La rage de l'Olympienne ne s'interrompit pas ; elle souffla la folie sur le jeune homme arrivé à l'âge adulte. Complètement ensorcelé, il tua sa femme Mégara et ses enfants. Il se rendit alors à Délos consulter la Pythie pour expier ses fautes : il devait changer de nom, lui répondit-elle, et prendre celui d'*Héraclès*, c'est à dire «gloire à Héra». La Pythie le condamna également à se mettre sous les ordres de son ennemi Eurysthée et d'obéir au moindre de ses commandements. C'est ainsi que les Douze Travaux débutèrent.

Il combattit diverses créatures : l'Hydre de Lerne, le Lion de Némée, le Sanglier d'Érymanthe et bien d'autres. Il dut également descendre aux Enfers capturer le chien Cerbère à trois têtes qui gardait le royaume d'Hadès. Après de multiples hauts faits, il fut victime d'empoisonnement. Il demanda alors à son fils Hyllos d'abréger ses souffrances en le jetant dans un bûcher. Au moment de sa mort, Zeus l'emporta sur l'Olympe où il se réconcilia avec Héra.

Son existence est liée aux mythes fondateurs. Tout juste né, il fut enlevé par Hermès qui le déposa sur la couche d'Héra endormie. Il téta alors le sein de l'épouse de Zeus, source d'immortalité. Héra se réveilla horrifiée et le rejeta. Le lait gicla dans les airs et forma la voie lactée.

Cette figure du guerrier fut, de plus, reprise par nombre de civilisations qui y virent l'archétype parfait du guerrier : Hercule chez les Romains, Hercle chez les Étrusques, ou encore Kakasbos en Asie Mineure.

LE NOUVEAU ROI ARTHUR

Jon rappelle aussi un personnage issu des traditions celtes et conçu hors mariage. Ce n'est autre que le valeureux roi

Arthur[25]. Son père Uther Pendragon tomba follement amoureux de la duchesse Ygraine de Cornouailles et lui offrit des bijoux pour la séduire. La jeune femme, déjà mariée, comprit tout de suite le désir du roi et refusa chacun de ses présents. Alors Uther monta un stratagème : il demanda à Merlin de lui donner les traits du duc pour qu'il puisse l'approcher. Le magicien accepta mais à une condition : l'enfant qui naîtrait de cette union devrait lui être confié. Alors qu'Uther et Ygraine faisaient l'amour sans que cette dernière ne s'en doute, le vrai duc fut tué en combat. Le roi épousa la jeune femme qui donna naissance à Arthur.

Merlin confia l'enfant au chevalier Antor et à son épouse sans leur dire qui il était. Ils l'éduquèrent et le formèrent aux armes. Âgé de quinze ans, il se rendit à la cour assister son frère adoptif Keu à un grand tournoi pour la succession d'Uther. Malheur : il avait oublié l'épée de Keu ! Il chercha donc comme un fou à s'en procurer une et aperçut celle figée dans une enclume. Il n'hésita pas longtemps, s'en saisit simplement et la donna à son frère. Ravi, Keu se rendit auprès d'Antor pour exhiber sa trouvaille : il avait l'épée, il serait donc roi ! Mais, devant la suspicion de son père, il avoua la vérité.

Avec le soutien de Merlin et d'Antor, Arthur parvint non sans difficulté à monter sur le trône. Il livra, tout comme Héraclès, douze grandes batailles dont la lutte contre les Saxons.

---

25. Le roi Arthur a fait couler beaucoup d'encre. A-t-il existé ? N'est-il que fantasme ? Un amateur éclairé trouvera ainsi de nombreuses sources à exploiter. On pourra se reporter aux *Romans de la Table ronde*, de Jacques Boulenger.

UN PROBLÈME ŒDIPIEN

Et Jon/Aegon, dans tout ça ? Farouche guerrier, il affronte les Marcheurs blancs avec un certain succès — celui de ne pas se faire tuer. Il écrase les Bolton (avec un peu d'aide, c'est vrai). Il fait œuvre de courage en chaque situation, posant son pied le premier sur le champ de bataille. Il rassemble les peuples sans chercher une quelconque reconnaissance. Enfin, il revient d'entre les morts un peu par magie, un peu par hasard.

Côté famille, il est présenté comme le fils illégitime de Ned et, en tant que tel, prend le noir. Puis on apprend qu'il est le fils de Lyanna, ce qui interroge sur la réalité de sa bâtardise. Et, enfin, Bran assure que son père n'est autre que Rhaegar Targaryen. Et que, contrairement à l'histoire officielle, le frère aîné de Daenerys n'aurait pas enlevé Lyanna mais se serait marié par amour à elle en secret. Ce qui ferait de notre petit héros non plus le bâtard mis de côté mais le roi le plus légitime du Trône de Fer.

Et pourtant, rien n'est simple. Jon affirme vouloir rester puceau pour ne pas risquer de coucher avec sa mère qu'il ne connaît pas. Il finit sur la couche de Daenerys… qui n'est autre que sa tante !

Cet inceste involontaire rappelle forcément le mythe d'Œdipe[26]. Il était le fils de Jocaste et Laïos, roi de Thèbes. Quand il vint au monde, la Pythie informa ses parents que leur charmant garçon tuerait son père et coucherait avec sa mère. Tous deux l'abandonnèrent alors sur le mont Cithéron

26. Sur Œdipe, voir notamment *Œdipe roi* et *Œdipe à Colone* de Sophocle, et *Les Phéniciennes* d'Euripide.

où il fut recueilli par Polybe, roi de Corinthe, qui l'éleva comme son propre fils. Arrivé à l'âge adulte, la Pythie lui délivra la même prophétie qu'elle avait faite à Jocaste et Laïos. Persuadé qu'il risquait de tuer ses parents adoptifs, il décida de ne plus retourner à Corinthe.

Sur la route, il croisa un vieil homme qui refusa de lui céder le passage. Ils se disputèrent et Œdipe le tua. Ce n'était autre que son père, Laïos.

C'est alors qu'il rencontra le Sphinx, aux portes de Thèbes. Il résolut l'énigme que lui posa la créature[27] et se débarrassa de lui. En récompense, il reçut le trône de Thèbes et la main de sa reine, dont l'époux avait disparu. Ce n'était autre que sa mère Jocaste. Il eut quatre enfants avec elle, dont Antigone. Il apprit plus tard ses crimes et se creva les yeux avant de partir en exil.

LE ROI EST MORT ! VIVE LE ROI !

Jon est-il le personnage principal de la saga ? Au regard de son parcours, on serait tenté de répondre par l'affirmative. Sa résurrection marque un passage initiatique de l'enfant à l'adulte. Ce miracle va jusqu'à remettre en question les croyances pourtant enracinées de Mélisandre. Les prêtres rouges pensent en effet que le héros légendaire Azor Ahai, choisi par R'hllor lui-même, se réincarnera au moment où les ténèbres recouvriront le monde pour détruire le mal et ramener la lumière. Stannis est mort, Jon est revenu à la vie. Pas besoin de chercher plus loin.

Cette résurrection nous envoie un autre message, bien plus mystique, à nous autres spectateurs. Elle rappelle la

---

27. « Quel être, pourvu d'une seule voix, a d'abord quatre jambes le matin, puis deux jambes le midi, et trois jambes le soir ? » : c'est l'homme. À retrouver dans Apollodore, *op. cit.*

renaissance de Jésus, bien sûr, mais aussi celles réalisées par Élie dans l'Ancien Testament. En allant plus loin encore dans la symbolique, on pourrait dire que Jon le messie revient sur Terre pour sauver les Hommes. Ou encore qu'il suit la destinée logique de tout saint qui se respecte.

Sauf que le jeune homme n'est pas le seul sur la liste. Sa résurrection a causé un clivage au sein même des prêtres de R'hllor. Selon certains, la réincarnation d'Azor Ahai ne serait autre que la Mère des Dragons...

UN PEU D'HISTOIRE

LA BATAILLE DES BÂTARDS : UN BOND DANS L'HISTOIRE

Épique, guerrière, sanglante… Les épithètes sont nombreuses pour qualifier *Game of Thrones*. Il faut dire que les *showrunners* de la série ont fait des scènes de combat leur cheval de bataille. L'une des plus réussies, la Bataille des Bâtards, a nécessité vingt-cinq jours de tournage. Le résultat escompté est là : le spectateur suit Jon au cœur du conflit, manque de se prendre une épée dans le dos ou d'étouffer dans la mêlée, il sue, saigne, s'épuise comme un vrai soldat. Il ne manquerait plus que les effets 3D pour s'y croire. Mais les acteurs et la production ne sont pas les seuls maîtres à bord.

Cette scène mythique qui précède la majestueuse destruction du Grand Septuaire de Baelor puise dans plusieurs événements historiques sanglants qui n'ont rien à envier à l'œuvre de George R. R. Martin.

La tactique d'encerclement mise en œuvre par Ramsay s'inspire de celle d'Hannibal Larca lors de la bataille de Cannes, entre Rome et Carthage, au IIIe siècle avant J.-C. Les guerriers appliquent ensuite le principe de la phalange macédonienne, tous en rangs serrés et protégés de boucliers pour anéantir les ennemis : cette formation fut en fait inventée au IIIe millénaire avant J.-C. en Mésopotamie et utilisée, plus tard, durant les conquêtes d'Alexandre le Grand.

Jon manque alors de s'étouffer sous l'amoncellement de corps et parvient à s'en extirper de justesse, se hissant hors du flux de corps en creusant un tunnel à la main. L'image est forte. Elle s'inspire directement de la guerre civile américaine, et notamment de la bataille de Gettysburg, en 1863, qui compta 50 000 morts en seulement trois jours. Un vrai bain de sang.

Daenerys : manuel pour apprendre à régner en 5 leçons

S'il y a bien un personnage qui est adoré par la majorité des fans, c'est Daenerys. On les comprend. La jeune femme a suivi une destinée qui n'est pas la plus évidente ; d'apparence frêle, sans soutien, écrasée par son frère puis violée, abandonnée, veuve et en deuil de son nouveau-né, elle inspire le chagrin, si ce n'est la pitié. Et on est forcément touché par cette figure qui semble si fragile.

Sa quête est multiple. Elle doit d'abord se construire en tant qu'adolescente et, pour ce faire, prendre son indépendance par rapport à Viserys. Elle doit ensuite prouver à chacun qu'elle est une Targaryen légitime, un vrai *dragon*, la véritable reine des Sept Couronnes. Elle doit également rassembler les peuples et trouver une armée capable de battre celles des Lannister et de leurs bannerets. Elle doit enfin se construire en tant que reine et trouver sa propre définition de la sagesse, de la justice, de la droiture : décider, en somme, comment elle veut gouverner. C'est beaucoup, pour une jeune femme seule, sans famille, sans pouvoir. Ajoutons que, parmi les habitants d'Essos et les Dothraki en particulier, elle fait tache : elle a les cheveux argentés et la peau bien trop pâle pour passer pour une native de l'île. Il est vrai qu'il lui est en principe impossible de bronzer puisque le feu n'a aucun effet sur elle ! Mais allez expliquer cela à un Dothraki...

Daenerys incarne un archétype, celui de l'enfant éploré qui parvient à conquérir le monde. C'est caricatural, certes, mais qu'est-ce que c'est plaisant !

DAENERYS LA VALKYRIE

De nombreux amateurs de *Game of Thrones* comparent Daenerys à la figure de Cléopâtre. Il est vrai que, comme la mère des Dragons, la reine d'Égypte fut la dernière descendante de sa dynastie, les Ptolémées. De plus, elles ont toutes deux épousé un homme de pouvoir et soulevé une armée. La comparaison ne va pourtant pas plus loin. Les références sont à chercher ailleurs, et pourquoi pas du côté des Germains ?

La Targaryen rappelle en effet une figure mineure et pourtant essentielle de la mythologie nordique : Kriemhild (ou Hilda), sœur de Gunther, le roi des Burgondes[28]. Elle épousa Siegfried, célèbre héros allemand et, pour le venger, se construisit en tant que femme, guerrière et vengeresse.

Revenons en arrière. Siegfried était un prince descendant d'Odin. Grand combattant, il accomplit de multiples exploits, et notamment celui de tuer le dragon Fáfnir. Peu après la mise à mort de l'animal, il en dévora le cœur et se baigna dans son sang, selon les versions. Son corps devint immortel, excepté une partie, dans le dos, entre les deux épaules. Il s'empara alors du trésor sur lequel veillait le dragon.

Le héros s'éprit de Kriemhild, qu'on disait particulièrement belle. Le roi des Burgondes, son frère, accepta le mariage à une condition : le héros devait l'aider à épouser Brunhild, valkyrie fiancée à Siegfried. La jeune promise se sentit trahie et chercha à se venger : quelques années plus tard, elle envoya son vassal Hagen planter Siegfried entre les deux épaules. Le héros mourut et son trésor disparut.

---

28. *La Chanson des Nibelungen : la plainte*, dir. Danielle Buschinger, Gallimard, 2001 et Lee M. Hollander, *op. cit.*

L'histoire aurait pu s'arrêter ainsi si Kriemhild n'avait pas réagi. Car la mort de Siegfried éveilla en elle une sombre colère. Elle épousa Attila, roi des Huns, songeant à la grande armée qu'elle pourrait lever afin de se venger. Elle organisa une fête à laquelle elle invita les Burgondes, désormais ses ennemis. Le massacre commença alors : quasiment tous les Burgondes et les Huns présents furent tués, dont Attila. Kriemhild interrogea Gunther et Hagen pour connaître l'emplacement du trésor mais finit par les tuer tous deux. Elle-même fut finalement exécutée pour n'avoir pas respecté ses deux prisonniers.

Tout comme Daenerys, Kriemhild est une jeune princesse que rien ne prédestine, *a priori*, à porter les armes. Elle s'affirme pourtant rapidement comme reine et maîtrise sa nouvelle armée. En ce sens, la mère des Dragons peut être comparée à une valkyrie, figure guerrière de la mythologie nordique.

DAENERYS LA MYCÉNIENNE

Mais les influences sont multiples et bien antérieures à l'histoire de Kriemhild et Siegfried. La jeune Targaryen rassemble les spécificités d'un certain panthéon olympien, celui des déesses : elle est belle comme Aphrodite, maligne comme Artémis, courageuse comme Athéna, vive comme Héra. Elle est la représentation, dans la mythologie grecque, de la figure féminine forte et positive. En cela, elle peut être comparée à Calypso, divinité mineure de l'île d'Ogygie qui accueillit Ulysse plusieurs années durant. Ou encore à Électre, sœur d'Iphigénie[29].

29. Sophocle, *Électre*, trad. Paul Mazon, Les Belles Lettres, 2018 ; Euripide, *Tragédies — tome IV : Les Troyennes, Iphigénie en Tauride, Électre*, trad. Henri Grégoire et Léon Parmentier, Les Belles Lettres, 2003.

La jeune princesse de Mycènes sauva son frère Oreste de la folie meurtrière de leur propre mère — Clytemnestre venait en effet de tuer son époux, le roi Agamemnon. Plus tard, Électre le retrouva devant le tombeau de son père et ourdit avec lui leur vengeance contre celle qui leur avait donné la vie. Ils assassinèrent Clytemnestre et Égisthe, qui occupaient le trône. On les accusa de crime et de parricide. Oreste fut poursuivi par les Érinyes et devint fou. Électre, elle, fut sauvée par Apollon.

Elle parvint finalement à le retrouver dans le sanctuaire dédié à Artémis, en Tauride. C'est là qu'Iphigénie, sa sœur, était devenue prêtresse. Ils revinrent tous trois à Mycènes, tuèrent le nouvel occupant du trône, roi illégitime, et gouvernèrent.

DAENERYS, MÈRE NOURRICIÈRE

La naissance des trois dragonneaux marque une scène phare de la saga. C'est également le moment où Daenerys dévoile sa part de magie ; elle est insensible au feu, du moins en principe — ses cheveux brûlent dans les livres — et est capable de faire éclore des œufs que tout le monde pense morts depuis bien longtemps.

Dans les croyances de nombreux peuples occidentaux et asiatiques, l'œuf porte une symbolique très forte : il est à l'origine du monde et définit ainsi les panthéons qui gouvernent les mondes. Chez les Grecs, l'orphisme[30] entrait en contradiction complète avec les histoires mythiques communément acceptées.

À l'origine existait un œuf cosmique duquel sortit le tout premier dieu, Éros. Hermaphrodite, il créa seul les autres dieux. Plus tard, Zeus foudroya les Titans pour avoir

30. Secte ou courant de pensée du ve siècle avant J.-C.

dévoré son fils Dionysos. Et de leurs cendres naquirent les Hommes... tout comme les trois dragons de Daenerys!

La jeune Targaryen se place ainsi en mère nourricière, celle capable de faire éclore les œufs en les portant dans le feu. Elle est également leur protectrice et maîtresse, telle une divinité orientale qui peut les commander à l'aide d'un seul mot : *Dracarys*.

Ses liens avec ses trois enfants vont plus loin encore; tout comme les Stark avec leurs loups, elle est capable de communiquer avec eux par l'esprit en situation de crise. Elle n'est pas une change-peau comme Bran mais ses pouvoirs sont finalement comparables et justifient l'existence d'une puissance supérieure.

DAENERYS, LÉGISLATEUR

La jeune femme utilise ses dragons pour asseoir son pouvoir. Et, si elle est capable de séduire les peuples par leur seule présence, cette magie est loin d'être suffisante sur le long terme. Toute son épopée à Essos la montre comme l'émancipatrice des opprimés. Elle fait table rase de traditions qu'elle juge immorales et établit des lois et des principes essentiels. C'est tout le sens de la mise à mort des maîtres de la Baie des Serfs.

Elle rappelle forcément Lycurgue, le législateur légendaire de Sparte qu'on situe au IXe ou VIIIe siècle avant J.-C. Aucun historien ne peut certifier que l'homme a réellement existé; il est plus probable que les législations aient été mises en place au fur et à mesure puis attribuées rétrospectivement à un seul homme.

Après avoir failli monter sur le trône de Sparte puis s'être exilé en Grèce, il créa la Grande Rhêtra[31] avec l'aide d'Apol-

31. Edmond Lévy, *Sparte. Histoire politique et sociale jusqu'à la conquête romaine*, Points, 2003.

lon. Il s'agit de la plus ancienne constitution connue de la Grèce antique. Elle intervenait notamment sur le découpage de la cité et sa gouvernance, la législation et l'éducation.

Ces règles sont comparables à celles que Daenerys met en place. En libérant les esclaves, elle bouleverse la composition politique des villes de la Baie des Serfs : chacun, en homme libre, a désormais la possibilité légale de régner. En outre, elle s'entoure elle-même d'un Conseil pour l'aider à décider des lois implicites qu'elle met en place — la peine de mort, par exemple. Mais son pouvoir est centralisé, éloigné d'une constitution en bonne et due forme, et l'éducation reste un mystère.

DAENERYS, LE MESSIE ?

Une des clés de lecture du personnage de Daenerys est bien évidemment son rôle de «briseuse de chaînes». Elle libère les esclaves établis sur la Baie des Serfs, punit les maîtres, promet la liberté à chacun.

Elle va en fait beaucoup plus loin, inversant les codes des Dothraki et ayant, ainsi, une influence considérable sur leur culture et l'évolution de leur civilisation. On pourrait y voir la résurgence des grandes conquêtes comme celles d'Alexandre le Grand ou, plus généralement, une forme de colonialisme réformiste du monde asiatique qui entre en contradiction totale avec l'attitude abolitionniste de la jeune femme.

Alors, Daenerys est-elle vraiment humaniste? Oui... et non. Car la jeune femme entend servir ses intérêts en premier lieu. L'aide qu'elle apporte aux esclaves lors de sa quête n'apparaît qu'en second lieu pour marquer son identité de reine et justifier sa prétention au trône.

Ces libérations successives ont un autre sens. George R. R. Martin a puisé dans les paraboles religieuses avec une référence appuyée à l'Ancien Testament : « La parole fut adressée à Jérémie de la part de l'Éternel, après que le roi Sédécias eut fait un pacte avec tout le peuple de Jérusalem, pour publier la liberté, afin que chacun renvoyât libres son esclave et sa servante, l'Hébreu et la femme de l'Hébreu, et que personne ne tînt plus dans la servitude le Juif, son frère. »

Cette image du messie fait écho aux deux résurrections parallèles : le bûcher de Daenerys et l'éveil du monde des morts pour Jon. Leur union est porteuse d'un symbole fort, celui de la fusion de la glace et du feu. Ils forment un duo à la fois opposé et complémentaire ; tous deux ont vécu une longue épopée, elle sur une terre de soleil, lui dans un monde de neige. Tous deux ont rassemblé, ont été choisis et portés par leurs peuples. Tous deux sont, en un sens, les deux souverains légitimes du Trône de Fer.

La clé de l'énigme *Game of Thrones* se situe au cœur de cette symbolique, déployée dans un univers cyclique où le temps des héros laisse place à une guerre contre les forces du mal, où les Targaryen s'affirment comme les véritables réformistes : Aegon *versus* Jon Snow assisté de Daenerys, tout comme son ancêtre Aegon le Conquérant 300 ans plus tôt. Ils sont les deux parties d'une même unité, tels Apollon et Artémis, ou encore les Dioscures. Ils sont Jason et Médée, Tristan et Iseult, Héloïse et Abélard… Leur union tient de la transcendance et est seule capable d'apporter une solution au problème qui, depuis le début, berce *Game of Thrones* : qui régnera depuis le Trône de Fer ?

Le Trône de Fer,
à deux doigts seulement…

Dans le ciel scintille une comète rouge que chacun regarde avec admiration. Pour les Dothraki, cela signifie qu'un grand combattant est mort. Les gens du Nord, eux, y voient un signe des anciens dieux. Certains l'appellent «la comète du roi Joffrey», d'autres l'associent au dieu Noyé. Pour les prêtres rouges, c'est évidemment un signe du retour messianique d'Azor Ahai. On raconte également que l'astre signale tout simplement la naissance d'un dragon, un symbole fort qui dépasse l'entendement et retrace une cosmogonie peu claire mais enchanteresse, magique.

La présence de la comète pourrait trouver une explication scientifique, rationnelle, mais *Game of Thrones* n'en propose aucune. George R. R. Martin préfère laisser planer le doute ; il invite chacun de ses personnages à avancer des théories qui viennent puiser dans des croyances diverses, signant le socle commun de religions et de sectes, mais sans jamais donner la réponse. Et c'est bien là les raisons du succès de la saga. En usant de références mythiques et légendaires, et en assumant diverses paraboles bibliques, elle nous met sous le nez la possibilité d'une transcendance sans jamais nous imposer son choix. Daenerys est-elle le messie ? Ou Jon ? Mais quel messie ? De quelle religion ? Et pour faire quoi ?

L'ensemble de la saga se construit autour de ces deux figures, ces nouveaux héros dont l'essence est foncièrement magique et qui peuvent évidemment communiquer avec des espèces animales merveilleuses. Et tous les autres personnages, qu'ils soient du Nord, des îles de l'Ouest, de Dorne ou d'Essos, gravitent autour de chacun d'eux pour les pousser à trouver leur place, celle d'un couple royal, utopique.

Mais rien n'est simple. L'inceste est-il acceptable s'il est le seul garant du bien du royaume?

À en croire *Game of Thrones*, oui et non. Tout dépend d'où l'on vient, et surtout de quelle dynastie. Car c'est toute une civilisation complexe, avec ses lois et son code social, que l'auteur a façonnée tout au long de la saga. L'inspiration dans les mythes anciens appuie cette construction en redéfinissant ses contours. La saga dessine ainsi le reflet exagéré de notre propre histoire et de nos mœurs et coutumes, tout comme les récits de l'Antiquité portaient un regard moral sur le quotidien des civilisations occidentales et orientales. Elle fait renaître un imaginaire fécond, fait de magie, de dragons, de loups gigantesques et de corbeaux mystérieux, un univers exaltant sur lequel vient s'implanter une société médiévale réaliste dont font partie deux héros manifestes dans lesquels chacun peut se projeter. Et le Trône de Fer, dans tout ça? Un simple prétexte à raconter cette histoire. Et on adore.

INDEX

Imprimé en Espagne
par Cayfosa
Mars 2019
ISBN : 978 2 36075 669 8
Dépôt légal : avril 2019